CAMBRIDGE LIBRARY COLLECTION

Books of enduring scholarly value

Linguistics

From the earliest surviving glossaries and translations to nineteenth-century academic philology and the growth of linguistics during the twentieth century, language has been the subject both of scholarly investigation and of practical handbooks produced for the upwardly mobile, as well as for travellers, traders, soldiers, missionaries and explorers. This collection will reissue a wide range of texts pertaining to language, including the work of Latin grammarians, groundbreaking early publications in Indo-European studies, accounts of indigenous languages, many of them now extinct, and texts by pioneering figures such as Jacob Grimm, Wilhelm von Humboldt and Ferdinand de Saussure.

Voyage au Xingú

First published in Paris in 1897, this book describes the expedition to the Xingú River in the Amazon region of Brazil by the French scientist and explorer Henri Coudreau. Coudreau spent five months from May to October 1896 travelling down the Xingú by boat, beginning at the river's southern origin at Vitória and finishing in Pará, where it joins the Amazon. He carried out the most detailed explorations of the region up to that time, and is deservedly regarded as one of the great early anthropologists of the Amazon. This book describes the region's distinct eco-system and its warrior-like indigenous peoples. The book, which Coudreau wrote in less than a month, is characteristic of his strongly opinionated writing. It contains 68 illustrations and a map of the Xingú River.

Cambridge University Press has long been a pioneer in the reissuing of out-of-print titles from its own backlist, producing digital reprints of books that are still sought after by scholars and students but could not be reprinted economically using traditional technology. The Cambridge Library Collection extends this activity to a wider range of books which are still of importance to researchers and professionals, either for the source material they contain, or as landmarks in the history of their academic discipline.

Drawing from the world-renowned collections in the Cambridge University Library, and guided by the advice of experts in each subject area, Cambridge University Press is using state-of-the-art scanning machines in its own Printing House to capture the content of each book selected for inclusion. The files are processed to give a consistently clear, crisp image, and the books finished to the high quality standard for which the Press is recognised around the world. The latest print-on-demand technology ensures that the books will remain available indefinitely, and that orders for single or multiple copies can quickly be supplied.

The Cambridge Library Collection will bring back to life books of enduring scholarly value (including out-of-copyright works originally issued by other publishers) across a wide range of disciplines in the humanities and social sciences and in science and technology.

Voyage au Xingú

30 mai 1896–26 octobre 1896

H ENRI A NATOLE C OUDREAU

CAMBRIDGE
UNIVERSITY PRESS

CAMBRIDGE UNIVERSITY PRESS

Cambridge, New York, Melbourne, Madrid, Cape Town, Singapore,
São Paolo, Delhi, Dubai, Tokyo

Published in the United States of America by Cambridge University Press, New York

www.cambridge.org
Information on this title: www.cambridge.org/9781108007412

© in this compilation Cambridge University Press 2009

This edition first published 1897
This digitally printed version 2009

ISBN 978-1-108-00741-2 Paperback

VOYAGE
AU XINGÚ

HENRI COUDREAU

———

VOYAGE

AU XINGÚ

30 mai 1896 — 26 octobre 1896

———

OUVRAGE ILLUSTRÉ DE 68 VIGNETTES

ET D'UNE CARTE DE LA RIVIÈRE « LE XINGÚ »

———

PARIS

A. LAHURE, IMPRIMEUR-ÉDITEUR

9, RUE DE FLEURUS, 9

—

1897

INTRODUCTION

Il me faut tout d'abord solliciter toute l'indulgence du lecteur pour ce livre écrit avec quelque hâte : — commencé le 1ᵉʳ novembre, terminé le 26 du même mois.

Du 30 mai au 26 novembre, en moins de six mois, faire le voyage du Xingú jusqu'à la Pedra Secca, remettre une carte au 100 000ᵉ, 68 photographies, un livre : — on conviendra que c'est là du reportage un peu rapide et on voudra bien excuser l'auteur si son livre est écrit dans le style ordinaire de la littérature d'informations.

Les fatigues du voyage accompli, les préoccupations inhérentes à la préparation d'un autre voyage à entreprendre immédiatement, sont choses de nature à laisser paraître, peut-être, quelque nervosité que ne devrait pas comporter un récit dont la première qualité devrait être l'absolue rigueur scientifique. Toutefois, en s'américanisant, on s'apprend, peu à peu, à rester de plus en plus calme tout en devenant de plus en plus actif.

En attendant l'évolution complète et définitive vers le mieux à réaliser, qu'il me soit permis de porter témoignage en faveur du climat du Pará, dont l'excellence, quoi qu'on en ait dit, vient de me permettre, en moins de quinze mois, de parcourir deux immenses cours d'eau, d'établir deux cartes à grande échelle, d'écrire deux livres, — et d'être prêt à repartir, avec la même joie, avec la même confiance dans le succès.

HENRI COUDREAU.

Pará, 26 novembre 1896.

VOYAGE AU XINGÚ

PREMIÈRE PARTIE

VOYAGE

CHAPITRE PREMIER

Départ dans la nuit du 30 mai. — L'Archipel Amazonien. — Le Bas Xingú. — Victoria. — Les *Estradas* de la volte du Bas Xingú. — Estrada de Victoria a Forte Ambé. — Mouvement de cette Estrada.

Chargé, le 1ᵉʳ mai 1896, par M. Lauro Sodré, gouverneur de l'État de Pará, de l'exploration des Rios Xingú et Tocantins-Araguaya, c'est le 30 mai que, ayant terminé mes préparatifs, je pars commencer, par le Xingú, cet ensemble d'explorations.

Elle m'accompagne encore, — ni les lassitudes du voyage du Tapajoz, ni les fatigues plus grandes encore de l'établissement précipité de la Carte du Tapajoz au 1 : 100,000ᵉ, n'ont pu la rebuter ; ni une toute récente maladie, ni des perspectives d'Indiens bravos à rencontrer dans le Xingú.

A onze heures du soir le *Gilberto*, de la maison Alberto Motta, donne le signal du départ. Quelques amis qui nous ont accompagnés, Bertino Miranda, Filippe Lima, Girard, Pedro do Rego, nous font quelques dernières recommandations de prudence et, quand minuit sonne, nous sommes déjà par le fleuve, laissant derrière nous Pará ponctué, dans le noir de la nuit, des lueurs blanches de la lumière électrique.

Le 31, nous sommes dans les Canaux du sud de Marajó, le 1er juin dans l'étroit passage du Tajipurú et le 2, après une nuit d'orage, nous nous réveillons vers l'embouchure du Xingú, parmi des îles et des îles encore, points innomés du prodigieux archipel de la mer Amazonienne.

Le 2 au soir, après une très cordiale réception à Porto de Moz, à l'hospitalière maison de Dona Francisca Galvão, nous gagnons, par Souzel, le Xingú des cachoeiras. Le 3, à une heure de l'après-midi, nous entrons dans la petite rivière Tucuruhy où se trouvent installés, à l'endroit appelé Victoria, des *casas* et des baraquements pour le service d'une *estrada* ou chemin de roulage qui met en communication le Moyen et le Bas Xingú en évitant les redoutables chutes que présente la rivière dans le grand circuit qu'elle parcourt entre l'embouchure du Tucuruhy et celle de l'Ambé. M. José Porphirio de Miranda Junior, qui assume présentement la direction de cette estrada, fait violence à l'accès de fièvre qui le retient en ce moment dans son hamac et veut bien nous recevoir quand même.

Comme la mission dont je suis chargé comporte aussi l'étude des différentes voies de communication qui peuvent exister dans la Volte du Bas Xingú, il me faudra, tout en préparant mon expédition pour le haut de la rivière jusqu'aux frontières de Matto-Grosso, faire diverses reconnaissances dans la péninsule d'entre Tucuruhy et Ambé. (Ces études et ces préparatifs devaient me retenir dans le Bas Xingú du 3 juin au 7 juillet.)

On voudra bien me dispenser, en faveur de la clarté de l'exposition, de raconter jour par jour et par le menu mes pérégrinations dans l'intérieur de la Volte du Bas Xingú. Toutefois, respectant l'ordre chronologique de mon voyage, je ne traiterai maintenant que de l'*Estrada* que j'ai parcourue au début, celle *de Victoria à Forte Ambé*, réservant pour la fin du volume l'étude de l'autre estrada aussi en fonctionnement dans la Volte, l'*Estrada Publica du Tucuruhy-Ambé*.

L'ESTRADA DE VICTORIA A FORTE AMBÉ mesure 51 kilomètres 500 mètres en ligne droite et 62 kilomètres avec les sinuosités, assez nombreuses, qu'elle présente. Elle a été commencée, il y a une dizaine d'années, par le Piauhyense Gayoso qui, arrivé au Bas Xingú avec une bande d'environ 70 esclaves, tenta de couper en ligne droite de l'extrémité sud de la Volte à son extrémité nord.

Travailleurs de l' « Estrada » de Victoria.

Gayoso ne fut pas des plus heureux. De grosses sommes d'argent et de grands efforts de volonté furent le prix de travaux souvent stériles. Toutefois Gayoso parvint à faire la percée; de l'endroit appelé aujourd'hui Forte Ambé à l'embouchure du Jua il réussit à ouvrir la picada qui, dans sa pensée, devait être la future estrada. Sa fortune et sa santé étaient déjà compromises; toutefois, achevant son œuvre, il allait recueillir le légitime fruit de ses travaux quand, en 1889, l'émancipation des esclaves le paralysa, le ruina, l'abattit.

L'estrada resta inachevée, les travailleurs rendus à la liberté s'étant immédiatement dispersés dans le sertão voisin. Déjà vieilli, malade, découragé,
demeuré presque seul, Gayoso ne voulut pas rester plus longtemps à aviver
ses tristesses au spectacle de son œuvre inachevée : il repartit pour le Piauhy
d'où l'on n'a plus eu de ses nouvelles. Le liquidateur de la succession n'eut
pas beaucoup le temps de s'occuper des seringaes et pour ce qui est de
l'Estrada, il fut heureux de trouver successeur à n'importe quelles conditions.

Un Bahiano, M. Agrario Cavalcante, arrivé au Xingú après avoir beaucoup
voyagé, entreprit, en 1891, de mener à bonne fin l'œuvre inachevée. Il utilisa
ce qui était déjà fait, et poursuivit, avec les ressources limitées qu'offre le
crédit, l'achèvement de l'œuvre déjà menée à un bon point par Gayoso. Il
pensait, non sans raison, que, de quelque manière que serait établie l'Estrada
de roulage du Xingú, la spéculation serait heureuse, et que l'habile homme
qui l'aurait entreprise en retirerait toujours plus que l'intérêt de l'argent qu'on
lui aurait prêté.

L'Estrada de Gayoso fut un peu redressée, tout en continuant à rester torte.
Toutefois, elle fut bientôt en état de produire.

Et l'Estrada publica ayant alors été opportunément décriée, cette Estrada,
qui est l' « Estrada » la plus courte (et qui pourrait offrir la « Voie » la plus
courte), n'ayant reçu nul subside pour son amélioration, l'Estrada de Victoria
dédommagea en peu d'années, deux ou trois ans à peine, son heureux conti-
nuateur des peines que le fondateur et lui s'étaient données.

L'ESTRADA DE GAYOSO OU DE VICTORIA, comme on l'appelle communément
aujourd'hui, est une œuvre curieuse qui montre une fois de plus ce que peut
partout, et dans n'importe quel ordre d'idées, une volonté patiente. Gayoso
n'était point ingénieur, Agrario non plus. On tâtonna beaucoup. On remonta
d'abord le Tucuruhy jusqu'au point connu sous le nom de Carajá, puis, de là,
on coupa au sud-est jusqu'à l'igarapé Ipitanga, d'où, par un terrain en même
temps montagneux et boueux, on atteignit, faisant cette fois sud-ouest, un
point qu'on supposait être à mi-chemin ; d'où le nom actuel de Sitio do Meio,
conservé jusqu'à ce jour à la baraque où se reposent encore les convoyeurs.
De Carajá au Sitio de Meio c'est presque un demi-cercle que décrivait la primitive Estrada de Victoria. Du Sitio do Meio au point de sortie sur le Xingú

à Forte Ambé, l'Estrada est presque directe. Toutefois, elle est extrêmement
argileuse, des « ladeiras » ou flaques d'argile détrempée, au nombre de plus
de soixante sur plusieurs mètres de longueur pour chacune, rendent le transit
difficile pour les piétons et les animaux et presque impossible pour les charrettes. Telle était la primitive Estrada, fort imparfaite : en demi-cercle pour

Victoria : entrée de l' « Estrada ».

sa moitié septentrionale, dans l'argile pour sa moitié méridionale. Toutefois
l'Estrada était faite et on put dès lors y passer, à dos de mules, les marchandises du Haut Xingú.

Mais le besoin se fit sentir bien vite de « redresser » cette Estrada tortueuse.
En même temps il fallait songer à éviter les igarapés et les endroits inondés,
— tellement nombreux dans certaines parties de l'Estrada que de Ipitanga au
Sitio do Meio on avait à passer une dizaine d'igarapés et une trentaine d'endroits noyés, soit une quarantaine de ponts rustiques qu'il fallut établir !

Le chemin de Carajá à Sitio do Meio par Ipitanga fut abandonné et un autre fut établi ayant pour point de départ Victoria, sur le Bas Tucuruhy. On aurait pu qualifier plus modestement, toutefois, le sitio dénommé triomphalement Victoria, car, pendant une partie de l'été, ledit « Victoria » n'est accessible qu'aux lanchas à vapeur, un bas-fond qui se trouve à l'embouchure du Tucuruhy empêchant les petits vapeurs, qui font le service du Xingú, de remonter jusque-là et les obligeant à mouiller au confluent même du Tucuruhy, où des allèges viennent prendre leur charge pour la remonter jusqu'à l'entrée de l'Estrada.

Toutefois la nouvelle Estrada, l'Estrada rectifiée, valait mieux que l'Estrada primitive. De Victoria à Ponte Nova, sur l'Ipitanga, le chemin est bon et de Ponte Nova au Sitio do Meio, si l'Estrada a le défaut de décrire un grand arc de cercle, du moins le terrain qu'elle traverse n'est-il pas mauvais. Toutefois, la partie du Sitio do Meio à Forte Ambé, très argileuse, a dû être récemment abandonnée et une autre Estrada a été faite, — aujourd'hui à peu près en état de roulage, disent les intéressés, — Estrada qui s'embranche sur l'ancienne à 4 kilomètres au sud-ouest de Ponte Nova pour la rejoindre à 8 kilomètres au nord-est de Forte Ambé.

Sur tout le parcours de cette Estrada le terrain est peu accidenté. Cependant, pour donner à la curieuse particularité géographique de la Grande Volte du Xingú une explication frappante, certains cartographes ont imaginé de tracer au centre de la grande courbe, entre le Xingú et le Curuá, une chaîne de montagnes qui n'aurait pas moins d'une centaine de kilomètres de développement total avec une altitude que l'intensité de l'accentuation graphique ne permet pas d'évaluer à moins de plusieurs centaines de mètres. Ces montagnes sont de pure fantaisie. Il n'existe dans l'intérieur de la Volte du Bas Xingú que de légers renflements et de faibles dépressions n'altérant que fort peu l'horizontalité presque absolue du terrain. Ce qu'il y a à éviter, ce ne sont pas les montagnes, ce sont les terrains argileux ou vaseux.

Une description géographique et une étude économique de l'Estrada de Victoria ne peuvent être ici qu'esquissées, le présent travail ne pouvant avoir le caractère d'un rapport d'ingénieur, mais seulement celui d'une œuvre de vulgarisation.

L'Estrada de Victoria va du Bas Tucuruhy, à un peu moins de deux kilomètres du confluent de cette rivière avec le Xingú, au confluent de l'Ambé avec le Xingú, en amont de la Grande Volte. Elle mesure, en ligne droite, environ 51 kilomètres, et environ 62 avec les sinuosités (en passant par le Sitio do Meio). En raison de son développement elle a été divisée, pour la

Victoria.

plus grande commodité du voyage, en 3 étapes, à savoir, du nord au sud :

1° *De Victoria à Ponte Nova ;*

2° *De Ponte Nova au Sitio do Meio ;*

3° *De Sitio do Meio à Forte Ambé.*

(Dans la nouvelle estrada — dans le raccourci — qui va supprimer le grand détour du Sitio do Meio, cette station disparaîtra, toutefois les propriétaires de l'Estrada seront évidemment obligés d'établir une autre station intermédiaire à la place de la station disparue.)

1° DE VICTORIA A PONTE NOVA. — Le *sitio* dénommé Victoria, sur le Bas

Tucuruhy, à environ 2 kilomètres du confluent, se compose d'une agglomération de baraques à la mode du pays, disposées de chaque côté des débouchés de l'Estrada sur le Tucuruhy et servant de magasins de dépôt et de maisons d'habitation. Au delà, en amont et en aval, le long de la rivière, des défrichements clos de pieux rattachés ensemble ont été transformés en prairies artificielles pour l'alimentation du bétail qui sert à l'exploitation de l'Estrada.

De Victoria à Ponte Nova c'est la meilleure partie de l'Estrada. Une largeur utile de 4 mètres y est maintenue à peu près partout. Les pentes et les creux n'y ont rien de bien brusque, nulle part l'argile ne coupe la voie et partout

Victoria : les animaux.

les légers chariots en usage dans la contrée peuvent y circuler librement sans *impedimenta* aucun. Le tracé de l'Estrada, en tant que qualité du terrain, a été heureusement choisi pour cette partie du chemin. De Victoria à Ponte Nova ni terrains bas, ni argile et pas le moindre igarapé, ni même un œil d'eau. Par suite, les travaux d'art, pour ce qui est des besoins actuels de la viabilité, se trouvent réduits à néant.

A Ponte Nova, l'Estrada rencontre son premier cours d'eau, qui est en même temps le plus important de toute la route, l'Ipitanga, dont la source est à une vingtaine de kilomètres de là, à une montagne rocheuse appelée aujourd'hui Serra do Ipitanga et située non loin de la Serra do Alagado, celle-ci traversée par l'Estrada Publica du Tucuruhy-Ambé.

Actuellement, le roulage s'arrête à Ponte Nova; au delà les bagages sont portés à dos d'animal, mules ou chevaux, tandis que de Victoria à Ponte Nova on n'emploie aux charrois que des bœufs attelés aux charrettes.

2° De Ponte Nova au Sitio do Meio. — Ponte Nova, à 18 kilomètres de Victoria, n'est aujourd'hui qu'un sitio peu important : une baraque quelconque au milieu d'un pâturage artificiel assez vaste. Toutefois, Ponte Nova est un point des plus intéressants. En cet endroit le climat de la vallée de l'Ipitanga est un des meilleurs du Xingú.

Ponte Nova.

Il est avéré, et j'ai vérifié par moi-même, qu'il suffit de quelques semaines à Ponte Nova pour s'y sentir remis des fatigues du climat équatorial et se trouver fortifié et rajeuni comme après une cure. Le climat de Ponte Nova vaut celui de Cachoeira et de Ambé Villa, à l'*Estrada Publica*.

L'Ipitanga, qui baigne Ponte Nova, bruissant sur les pierres ou les arbres tombés qui obstruent son lit, sert, en quelque sorte, de cheminée d'appel aux vents dominants qui circulent entre les hautes terres du Tucuruhy et la vallée du Xingú.

Toutefois, au delà de l'étroite vallée, ce sont encore, jusqu'aux environs du

Sitio do Meio, des terres sans eau, aux mêmes ondulations faibles et brèves déjà rencontrées entre Victoria et Ponte Nova.

C'est au sitio de Ponte Nova que se rencontre, sur tout le parcours de l'Estrada do Agrario, le seul ruisseau qui ne soit pas quelque misérable igarapé de palmeraie, mais bien un véritable petit cours d'eau. Quand il se déverse plus bas, à quelques 15 ou 20 kilomètres de là, dans le Furo do Jua, l'Ipitanga est déjà, paraît-il, une rivière d'une certaine importance.

A Ponte Nova, l'Ipitanga mesure, sous les piliers du pont qui donne son nom au sitio, une quinzaine de mètres de largeur. Le pont lui-même en mesure en totalité 17. Il a été construit assez récemment, par Agrario. Tout est en acapú. 8 colonnes carrées d'environ 12 centimètres de côté chacune sont enfoncées dans le lit de l'igarapé et s'élèvent de 3 mètres au-dessus du plancher du pont, supportant une toiture en zinc qui permet d'utiliser la construction en même temps comme trapiche. La largeur du pont est de 3 m. 10, son orientation est sensiblement E.-O.

Traversant l'Ipitanga pour se rendre au Sitio do Meio, on retrouve, à travers la même forêt des terres hautes, les mêmes mouvements lents de terrain avec des pentes et des creux presque insensibles. Ce n'est qu'un peu avant d'arriver au Sitio do Meio que l'on rencontre des igarapés, au nombre de deux, l'un au pied même de la colline sur laquelle est bâtie, au milieu d'un défrichement, la maison du Sitio do Meio, l'autre une heure avant d'y arriver. Ces deux igarapés, bras de l'Ipitanga, n'ont guère chacun que de 1 à 2 mètres de largeur, mais les creux dans lesquels ils coulent sont argileux et détrempés et ont nécessité la construction de ponts rustiques de plusieurs mètres de longueur.

3° DU SITIO DO MEIO A FORTE-AMBÉ. — Du Sitio do Meio à Forte Ambé c'est la plus mauvaise partie de la route. On prend presque tout de suite des flaques d'argile détrempée et ce n'est qu'après avoir pataugé dans plus de deux cents de ces flaques maintenant à moitié sèches et qui par suite tiennent aux pieds comme de la glu, qu'on arrive à Forte Ambé.

Dans cette partie de la route on ne traverse que trois igarapés : 1° un qui doit aller à l'igarapé do Assahyzal Grande, 2° l'igarapé do Assahyzal Grande qui tombe, paraît-il, dans le Xingú en face de l'île de Itaboca; 3° un igarapé qui, déjà près de Forte Ambé, doit rejoindre l'igarapé do Ambé à une petite distance du confluent de celui-ci avec le Xingú.

Forte Ambé, à l'extrémité sud de l'Estrada do Agrario, fut d'abord dénommé « Fortaleza » par Gayozo. Le sitio se compose de deux baraques sur le flanc d'une colline dominant le Xingú. L'ancien défrichement de Gayoso s'étendant du sommet de la colline jusqu'à la rive de l'Ambé n'est utilisé aujourd'hui que dans sa partie orientale. Des arbres fruitiers en petit nombre, quelques bana-

Forte Ambé.

niers, quelques orangers semblent n'être là que pour attester que dans l'idée du fondateur Forte Ambé devait être non seulement une station de roulage, mais bien encore un centre agricole. Le pâturage toutefois a été entretenu, médiocre il est vrai, mais qui pourrait devenir meilleur avec des soins, — ce qui serait d'ailleurs bien nécessaire à l'entretien du petit parc à bétail qui a été aménagé à côté des bâtisses.

C'est cette dernière partie de l'Estrada, de 4 kil. 1/2 au sud de Ponte Nova, à 8 kilomètres au nord de Forte Ambé, que José Porphirio a entrepris cette année-ci de remplacer par un raccord qui éviterait le grand coude de Sitio do

Meio et les espaces argileux du Sitio do Meio au Forte. Cette « rectification »,
dont je n'ai vu que les premiers travaux, serait aujourd'hui à peu près termi-
née.... Le terrain serait plat et ne présenterait que peu ou point d'affaisse-
ments d'argile, du moins pour le moment.

Tel est, dans son ensemble, l'état actuel de l'Estrada de Victoria. Toutefois,
pour arriver au résultat actuel, les ouvriers durent, sur différents points, abandonner un travail souvent entrepris dans des conditions défectueuses.

De toutes ces « Estradas perdues », aujourd'hui chemins plus ou moins
complètement repris par la forêt, la plus importante est celle de Carajá au Sitio
do Meio par Ipitanga.

L'Estrada de Carajá au Sitio do Meio par Ipitanga présente un double
inconvénient. D'Ipitanga au Sitio do Meio elle traverse un terrain alternati-
vement montueux et argileux, coupé de 8 igarapés et de 24 endroits noyés ou
boueux, ce qui nécessita la construction de 32 ponts rustiques, passages fati-
guant d'autant les animaux déjà excédés par toutes ces montées et toutes ces
descentes.

D'Ipitanga à Carajá le terrain est meilleur, on ne rencontre que peu d'endroits vaseux bien qu'on traverse 7 igarapés, mais si le chemin d'Ipitanga à
Carajá est sensiblement le même que celui de Ponte Nova à Victoria, Carajà
est situé sur la rive droite du Tucuruhy à 3 heures 45 en amont de Victoria en
un point où ne sauraient atteindre que les chaloupes à vapeur et nullement les
navires qui font le service dans les rivières Amazoniennes. C'est donc remonter
sensiblement plus haut dans le Tucuruhy pour n'abréger en rien le chemin de
Forte Ambé.

L'Estrada de Carajá à Ipitanga, totalement abandonnée depuis deux ou trois
ans, n'est pourtant pas encore en très mauvais état. La végétation commence
à la reprendre, toutefois il suffirait d'un nettoyage pour la rendre aisément
transitable. Il faudrait sabrer les branches envahissantes et enlever les arbres
tombés en travers qui obligent aujourd'hui de faire, chaque fois qu'on les rencontre, de petits circuits par la forêt.

L'abandon de cette partie de l'Estrada a entraîné également l'abandon des
deux petits centres de Carajá et d'Ipitanga. Carajá toutefois, situé sur le chemin du Haut Tucuruhy au Haut Ambé par l'Estrada publica, sera peut-être

quelque jour utilisé pour l'établissement de quelque petit centre de colonisation, tandis qu'IPITANGA, sur une voie abandonnée, en retrait de l'Estrada de
Victoria, n'a guère de chances de développement que du côté d'une colonisation qui remonterait le Furo do Jua pour s'établir dans les hautes terres de
l'intérieur de la Volte. Actuellement les deux ne sont que des ruines. Ipitanga
toutefois conserve encore son pont sur l'igarapé, pont de bois en grume
quelque peu équarris pour faciliter le passage du bétail, plus deux ou trois
baraques qui menaçent ruine. Carajá n'a plus rien, ses baraques sont tombées,

Forte Ambé, vu d'amont.

il ne lui reste que son campo artificiel — ce qui fait aussi le seul intérêt véritable
que présente Ipitanga. Le défrichement de Carajá est de quelque importance,
il s'étend N. O. sur 300 mètres de longueur entre le Tucuruhy et le septième
et dernier igarapé que l'on traverse en venant de Ponte Nova. Le défrichement est occupé entièrement par le pâturage il ne subsiste aucun vestige de
plantations ni d'arbres fruitiers.

Une *Etude statistique ou économique de l'Estrada da Victoria* est difficile
à faire avec exactitude, à cause de l'impossibilité de contrôler les renseignements fournis. Pour ce qui est, par exemple, du mouvement de l'Estrada, c'est-
à-dire de la totalité de la borracha et des marchandises passées par la voie du

Forte Ambé-Victoria et Victoria-Forte Ambé, il faut se contenter des évaluations contradictoires qu'on vous donne, évaluations qui varient, pour ce qui est de l'Estrada da Victoria, entre la moitié et les deux tiers du mouvement total. Une moyenne de moitié pour l'Estrada de Victoria et de moitié pour l'Estrada Publica me paraît assez près de la vérité pour ce qui est de la quantité des marchandises. Quant à la proportion eu égard aux clients, riches ou pauvres, elle est d'environ 94 maisons passant par l'Estrada Publica et 26 passant par l'Estrada da Victoria, approximativement.

Toutefois la proportion s'accroîtra sensiblement au profit de l'Estrada Publica le jour où l'État aura fait quelques légères dépenses pour l'amélioration de son Estrada et des deux igarapés qu'elle relie, la voie « publique » devenant alors de beaucoup la plus courte.

Ces deux Estradas ne chôment jamais, l'été le caoutchouc descend et les marchandises montent, l'hiver le caoutchouc ne descend plus, mais les marchandises d'approvisionnement montent toujours.

Le mouvement total de ces deux Estradas, c'est-à-dire le mouvement général des deux Estradas à l'importation et à l'exportation, est assez difficile à évaluer. Pour arriver à une approximation suffisante, il faudrait faire dans quelques grandes ou petites maisons de commerce de Pará une enquête qui ne serait peut-être pas des plus faciles. Pour n'être pas trop fantaisistes ces évaluations doivent être faites en ramenant à la vraisemblance diverses informations contradictoires. Mes calculs personnels me donnent à peu près un million de francs pour le mouvement total annuel, dont deux cinquièmes à l'exportation du caoutchouc et trois cinquièmes à l'importation des marchandises; soit encore moitié passant par l'Estrada de Victoria et moitié passant par l'Estrada Publica. Total assez respectable pour ce qui est de ce Xingú des Cachoeiras encore à peu près complètement vide de civilisés il y a seulement une dizaine d'années.

A un autre point de vue, celui d'une utilisation possible pour une colonisation future, voici des chiffres (fournis il est vrai par les principaux intéressés de l'Estrada da Victoria), concernant le cheptel actuel de l'exploitation de l'Estrada :

Bœufs de charroi   22

Chevaux   3

Anes et mules . . . . de 40 à   70

Chèvres et boucs   11

Porcs   16

Volailles (poules, canards, dindes) . . . . Il en a été vendu en 1895
    pour 1 : 033 $ 000 . . . . et ce n'était pas encore la totalité de la
    production de l'année. . ?

Chariots   3

Campos artificiels   6
    (Victoria, Carajá, Ipitanga, Ponte Nova, Sitio do Meio, Forte
    Ambé).

Pour ce qui est de ces derniers chiffres, il m'a été absolument impossible de les contrôler par moi-même, aussi ne figurent-ils ici qu'à titre d'indication et sans que je me porte en rien garant de leur exactitude.

1er *Juillet.* — Ces études et ces promenades dans la Volte du Bas Xingú m'ont pris tout le mois de juin. Maintenant ces études et ces voyages sont à peu près terminés et la préparation de mon expédition dans le Haut Xingú va également s'achevant. Pour qui veut croire aux présages le voyage sera heureux : ce soir une bande de pécaris traverse la rivière en face de Forte Ambé et les hommes de Porphirio en tuent 16, représentant plus de 500 kilogrammes de viande utile.

Encore quelques jours, jours énervants comme l'attente, et nous partons.

CHAPITRE II

C'est le mardi 7 juillet que nous passons du sitio de Forte Ambé au village d'Alta Mira, pour de là poursuivre notre route vers le Haut Xingú. Je pars avec une petite igarité gracieusement prêtée par Ernesto Accioli, de l'Iriri. J'ai cinq hommes d'équipage.

Alta Mira, village en formation à l'issue de l'Estrada Publica du Tucuruhy-Ambé, n'a encore que trois maisons, sur la rive ouest du Xingú, au milieu d'un assez vaste défrichement qui va s'étendant chaque année davantage dans l'intérieur. Alta Mira et ses roças sont une création de Gayoso, qui avait là une bonne partie ou même la plus grande partie de ses esclaves.

L'excellence du climat d'Alta Mira, due à la position du village à l'angle sud de la Volte, ce qui lui vaut la ventilation permanente tantôt des vents de bas, tantôt des vents de cima, l'excellence de ce climat jointe aux avantages d'une position géographique qui fait peu à peu d'Alta Mira, à l'issue de l'Estrada Publica, l'entrepôt du Haut Xingú, — tout cela vaut à Alta Mira de pouvoir

3

compter déjà, à l'époque où l'on descend le caoutchouc pour aller chercher des marchandises à la capitale, une permanence de 200 personnes installées alors tant mal que bien dans les maisons et les défrichements de la naissante et « *futurosa* » povoação.

En face de nous, ou, plus exactement, entre Alta Mira et Forte Ambé, rive gauche, et la Plage de Arapujá rive droite, s'étend l'Ilha do Arapujá, grande île qui a deux lacs très poissonneux drainés par un émissaire qui débouche à

L'expédition.

la pointe d'aval de l'île. Divers seringueiros se sont successivement établis dans cette île, où l'on trouve toujours quelques habitants et des capueras nombreuses.

C'est un peu en amont, au nord-ouest du double canal que forme l'Ilha do Estero entre l'Ilha do Arapujá et la terre ferme de rive gauche que paraissent encore quelque peu aujourd'hui, mais pourtant presque indistincts, les vestiges de la « Missão Extincta » des Pères qui établirent l'*Estrada* aujourd'hui Estrada Publica, *du Alto Tucuruhy au Alto Ambé.*

Cette ancienne Mission avait été installée à l'embouchure de l'igarapé Itacuary, petit affluent de la rive gauche plus long mais plus sec que le Panella,

— tous deux de la force de l'Ambé. Les Pères firent dans l'igarapé Panella une grande exploitation de salsepareille. La salsepareille est toujours abondante sur les rives de l'igarapé, mais ce produit est tombé aujourd'hui à un prix si peu rémunérateur que son exploitation a été à peu près partout abandonnée pour celle du caoutchouc. Le Panella est boueux, ses eaux jaunâtres; il doit traverser une région argileuse toute différente, bien que voisine, de celle que traverse l'Ambé, aux eaux claires.

On passe des capueras dans de petites îles, puis on prend la grande Ilha da

L' « igarité » en marche.

Barriguda, qui présente une capuera à la pointe d'aval mais qui est, aujourd'hui déserte.

En amont de la Barriguda, le Xingú, très élargi, présentant des îles nombreuses, apparaît bordé sur chaque rive de terre ferme, d'assez fortes collines qui occasionnent des rapides n'ayant cependant rien d'excessif.

En amont de ces rapides et avant de prendre la Cachoeira do Pedrão, on remonte dans une île de la rive droite un *campo* artificiel récemment créé : c'est la petite fazenda de Gonçalves da Silva Babacuara, le seul homme du Xingú des Cachoeiras qui s'occupe actuellement de faire de l'élevage.

LA CACHOEIRA DO PEDRÃO est rachetée, rive droite, par les rapides que l'on

passe en amont de Babacuara. Rive gauche elle est assez forte, — paraît-il, car
on ne la voit pas du chemin ordinairement suivi. Nous entendons assez distinctement le bruit que font ses deux pancadas : celle entre l'île du Pedrão et
la terre ferme et celle entre l'île du Pedrão et l'île du Germano. La Cachoeira
do Pedrão est, dit-on, sèche, et c'est pour cette raison qu'on ne la passerait
qu'avec de grandes difficultés. De l'Ilha do Bacabal nous entendons la double
cachoeira qui gronde en bas, comme au fond d'un trou, dans un paysage formé
d'îles hautes flanquées dans l'intérieur de la terre ferme de rive gauche d'une
forte chaîne de montagnes dirigées nord-sud.

Dès ici nous allons en varejão : un des caractéristiques du Xingú c'est le
manque d'eau, l'été. Il est vrai que si, l'été, l'eau manque, l'hiver, la rivière
dans d'énormes crues gonfle tous ses furos, tous ses paranás, remplit ce qu'elle
peut avoir de marais riverains, et, malgré cette puissante expansion d'eaux à
travers les déchirures et les creux de terres voisines, la poussée du torrent
d'hiver est tellement violente que bien peu se risquent alors même en petite
igarité à remonter le Xingú.

A une petite distance au-dessus de la CACHOEIRA DO PEDRÃO on rencontre
l'Ilha Grande das Penas.

Les Indiens PENAS ne se trouvent que dans cette région du Xingú. Ils sont
là dispersés dans diverses maisons civilisées, et dans quelques sitios qu'ils ont
à eux en retrait de la grande rivière, hors des îles ou des furos par lesquels on
passe habituellement. Toutefois ils n'habitent pas la terre ferme par crainte de
problématiques Indiens bravos et se contentent de se cacher dans les îlots
situés hors des voies ordinaires. La tribu, qui s'éteint, compte tout au plus une
quarantaine d'individus répartis par petits groupes de 2, 3, 5 au plus entre
Praia Grande et Urubucuara. Le groupe le plus nombreux est celui de l'Ilha
dos Penas, il se compose de 13 individus. Tous parlent portugais et sont
vêtus.

Il existe aussi, dans la région que nous traversons, d'autres baraques cachées
en retrait des îles et que l'on ne voit pas de la route que parcourent les canots;
ce sont des baraques de seringueiros. C'est ici, — de la Volte à Piranhacuara, — la partie la plus peuplée du Xingú. Non pas que cette partie soit
plus favorisée que le reste de la rivière, mais elle est tout de suite à la sortie

des deux Estradas; le peuplement, s'il ne s'est pas complètement arrêté là, s'y est plus particulièrement massé.

Dès ici, c'est bien sous l'aspect spécial qu'il conserve jusqu'à la Cachoeira da Pedra Secca que le Xingú se présente : maintenant pauvre en eau, avec ses mêmes bas-fonds de pierres, ses îlots rocheux, et dès ici il arrive fréquemment à l'igarité de toucher, — parfois elle s'assied complètement sur les pierres et

Alta Mira, partie amont.

il faut alors que nous nous mettions tous à l'eau pour que l'embarcation, ainsi allégée, et remorquée par l'équipage, poursuive vers les hauts sa marche pénible et incertaine.

Parfois ce sont des amas de pierres, en tas énormes; parfois on dirait des traînées de rochers, des essais de chaussées cyclopéennes. Et une façon de rivière passe à travers cela, ici stagnante, là faisant rapide, plus loin cachoeira.

Et dès ici c'est bien le climat du Xingú : chaleur accablante coupée de petites averses brusques, mais torrentielles entraînant un refroidissement subit et excessif de la température.

Au Morro des Araras, rive droite, on voit encore la capuera d'un ancien campement de ces Indiens vagabonds. Il y a un peu moins de dix ans qu'ils s'en sont allés un jour, sans rien dire, quittant, pour une destination inconnue, leur installation temporaire.

On n'a, sur les ARARAS, que des données assez vagues. On les dit travailleurs, bons agriculteurs, honnêtes, intelligents et courageux. On les prise plus que les Jurunas, les Achipayes et les Penas. On prétend qu'ils vivent en nomades dans les forêts d'un côté jusqu'au Tocantins, de l'autre jusqu'au Curuá d'Ituqui. Parfois ils sortent de leurs forêts centrales et alors on les voit traverser le Xingú d'une rive à l'autre, parfois en groupes restreints, parfois nombreux. Il arrive que quelques-uns de ces Araras, les femmes principalement, restent chez les Jurunas ou chez les civilisés.

Les *Araras* ont leur installation la plus importante, à l'heure actuelle, près d'une « serra » appelée Serra Grande dos Araras, à l'ouest du Xingú, serra à laquelle on parvient en remontant, pendant 2 jours 1/2 environ, l'Igarapé Grande dos Araras. On ne sait s'il existe aujourd'hui des Araras dans un assez important igarapé de la rive droite, l'Igarapé do Morro dos Araras, dont le confluent est à peu près en face de celui de l'Igarapé Grande dos Araras. Ils auraient eu, paraît-il, assez récemment, une installation dans cet igarapé de la rive droite, igarapé riche en castanhaes, comme l'est, paraît-il, toute la région d'entre Xingú et Tocantins.

C'est dans cette région du Morro et des Igarapés dos Araras que se trouvent les seringaes d'un des plus anciens habitants du Xingú, M. João Henrique de Lemos, ex-comptable à Rio-de-Janeiro. Son installation actuelle est à la pointe d'aval de l'Ilha de Itapinima, par derrière laquelle se trouve, entre l'île et la terre ferme, une cachoeira portant le même nom : CACHOEIRA DE ITAPINIMA, que l'on passe par le travers méridional de l'île, en trois travessões peu dangereux.

Rive droite, ce sont encore des souvenirs des Araras : *Bananal dos Araras*, *Serra dos Araras*, puis, immédiatement après, la CACHOEIRA DES ARARAS, qui n'est qu'un fort rapide. La région va se peuplant. Dans les îles (comme partout au Xingú et nulle part en terre ferme par peur des Indiens bravos), des baraques de seringueiros récemment installées montrent que l'élément civilisé marche, d'un mouvement lent, mais sûr, à la conquête du Haut Xingú.

Jeudi 9. — Nous partons de chez Henrique de Lemos. Un brouillard intense englobe l'espace, puis c'est une fumée blanchâtre qui s'élève de partout montant vers le ciel; puis tout se dissipe, le jour se fait soudain, clair, chaud, bientôt incandescent, versant sur la terre une lumière aveuglante.

Et nous passons des îles et encore des îles. Et, sur le soir, après l'étouffante chaleur, il s'élève un vent frais qui ride, en la moirant, l'eau maintenant bleu verdâtre du Xingú. Après l'immobilité du ciel de feu, il semble à l'œil fatigué

Alta Mira, partie aval.

que l'azur entre maintenant en mouvement. Et dans cette impression de féerie nous arrivons à l'extrémité aval de la grande île d'Ararunacuara, où nous nous arrêtons, à la casa de Neco, pour passer la nuit.

La grande île d'*Ararunacuara* est une des plus importantes du Xingú, comme dimension et comme richesse. Elle aurait, paraît-il, une centaine d'estradas de caoutchouc en exploitation. Nous remontons Ararunacuara par la rive gauche, et la descendrons par la rive droite. C'est le matin, il est 6 heures 1/2; un brouillard blanc, compact, froid et malsain pèse sur la rivière. Nous allons entre la grande île d'Ararunacuara et l'île d'*Urubucuara*, beaucoup plus petite. On passe quelques baraques de seringueiros, puis on prend l'*Ilha do Meio* entre Urubucuara, Ararunacuara et la terre ferme.

C'est entre l'Ilha do Meio et l'Ilha Ararunacuara que l'on rencontre les premiers travessões de la longue Cachoeira do Garantido qui rachète, du côté occidental de l'Ilha Ararunacuara, les trois *Cachoeiras da Nova Corda, do Espelho* et *da Calacia* qui sont du côté oriental.

La « Cachoeira do Garantido », du nom d'un certain João Garantido qui habite en face d'un de ses travessões et au point de départ d'un sentier qui coupe l'île dans sa largeur jusqu'à un des travessões de la Cachoeira do Espelho, — la Cachoeira do Garantido a son canal rive droite, accosté à l'Ilha Ararunacuara, entre des îlots de « pedrarias » et d'autres « pedrarias » accostées à l'île. Maintenant le canal est déjà presque à sec; au cœur de l'été il est encore plus difficilement praticable, — toutefois les petites igarités du Xingú peuvent toujours y transiter, — avec plus ou moins de patience....

Il paraît que dans la partie sud de cette grande île Ararunacuara existe un plateau, — une montagne, — d'où sortirait un igarapé qui déboucherait rive droite de l'île à une petite distance en aval de la Cachoeira do Espelho.

En amont de la pointe sud d'Ararunacuara on prend par de nombreuses îles, laissant, rive gauche, l'embouchure d'un furo appelé Repartição ou Repartimento parce que, me dit-on, « il est le véritable commencement du canal de gauche d'Ararunacuara... » ou, plus exactement, le Canal de rive gauche qui d'ici se poursuit jusqu'à l'embouchure de l'Iriri, — autrement dit la véritable sortie du Canal de l'Iriri.

La Cachoeira de Cajituba, que l'on prend tout de suite en amont d'Ararunacuara, est assez difficile rive gauche et rive droite; nous la passons par les travessões du centre, qui, sans être des plus faciles à vaincre, sont toutefois réputés un peu moins dangereux.

En amont les cachoeiras se succèdent sans interruption. Ces cachoeiras du Xingú, — pour résumer dès ici une impression d'ensemble, — les Cachoeiras du Xingú vont *se pacifiant.* Cette pittoresque expression locale signifie que, mieux connues, ces cachoeiras se passent aujourd'hui avec moins de risques et moins de difficultés qu'à l'époque, encore toute récente, de la découverte. Toutefois l'obstacle en soi ne saurait évidemment cesser d'exister, et rien ne

saurait conjurer les périls ni abréger sensiblement les lenteurs qu'entraîne
ce genre de navigation. Presque ininterrompues, les travessões succédant aux
travessões comme les échelons d'une échelle, les cachoeiras du Xingú font de
ce cours d'eau un torrent passablement pittoresque, mais en même temps un
des moins transitables qu'il soit possible d'imaginer. Le manque d'eau l'été,
en même temps que la violence du torrent que gonflent et poussent hors de
son lit les pluies d'hiver, font rêver à des embarcations non encore connues
qui, à la sécheresse, seraient capables de naviguer sur les pierres et, pendant
l'hivernage, franchiraient avec aisance des tourbillons, des remous capables
d'engloutir une maison, des chutes, des dévalements d'eaux d'une puissance
telle que les granits qui les maintiennent en arrivent, ébranlés, à culbuter parfois dans le tumulte des gouffres.

La Cachoeira do Gentio, de suite en amont de celle de *Cajituba*, n'est
qu'un fort rapide. Des montagnes pressées sur les rives, des montagnes en
retrait du premier plan, quelques collines dans les îles de la rivière et partout
des courants, des barrages de rochers, des petites chutes : — tel est le paysage.

Jusqu'à l'embouchure de l'Iriri, le Xingú va maintenant présenter un spectacle fantastique. La grande rivière a dû se frayer un passage à travers une
immense *chaussée-de-géants* bordée de montagnes et semée de quelques îles
boisées. Il n'y a plus de Xingú : la rivière est réduite à un canal central de
quelques mètres de largeur, et à quelques canaux latéraux fort incertains dans
lesquels il est imprudent de s'engager, car ils sont, sur certains points, si
étrangement fermés qu'on se demande alors comment on pourra franchir
jamais ces déserts d'Arabie Pétrée où coulent des ruisseaux d'eau chaude, si
bien barrés d'obstacles de tous les côtés qu'on se prend malgré soi à rêver
d'impossibles labyrinthes aquatiques des banlieues de l'enfer....

Le premier de ces canaux est le *Canal das Lages* à une petite distance en
amont de la Cachoeira do Gentio, un peu plus haut on prend le *Canal Grande*,
puis le *Canal do Carapaná*, puis enfin le *Canal do Iriri* qui vient du confluent de cette rivière.

Ces canaux, resserrés à des largeurs d'igarapé, sont généralement très profonds; ils présentent aux eaux moyennes et aux grosses eaux des courants
violents et des rebojos périlleux. On ne les passe jamais tous avec la charge,

toujours à quelques-uns de leurs courants, à plusieurs « pointes d'eau » quand les eaux sont fortes, il faut alléger l'embarcation pour passer avec sécurité.

L'hiver ces canaux du centre se doublent d'autres canaux rive droite et rive gauche, mais l'été les canaux latéraux ont trop peu d'eau même pour une petite montaria, et il faut passer par les canaux du centre de plus en plus profondément encaissés entre ces hautes murailles rocheuses qui prennent alors d'étranges aspects de substructions cyclopéennes.

De la « Roche Observatoire », à l'extrémité amont du Canal Grande et à l'extrémité aval du Canal du Carapaná, on perçoit assez bien l'étrangeté de ce paysage spécial. Les canaux ont rétréci à une trentaine de mètres. On les voit se dérouler, presque rectilignes, coulant, rapides, parmi des rebojos maintenant rares et peu dangereux, mais, aux grosses eaux, énormes, périlleux, effrayants. Mais maintenant le « rebojo », anémié par la sècheresse, dort tassé dans son lit de pierres ; — quelques soubresauts à la surface — semblables aux mouvements inconscients et inexpliqués d'une personne endormie — l'eau brusquement ridée comme par une légère secousse venue du plus profond du gouffre — un bruit vague, quelque chose qui ressemble à un son inarticulé — tout cela fait penser à un monstre endormi qui tressaille et dont le réveil sera terrible.

Et cet étroit canal aux nerveuses secousses c'est maintenant tout le Xingú ou semble l'être, même de la Roche Observatoire les canaux de droite et de gauche ne paraissent pas. Et tout ce que l'on voit de l'immense rivière ce sont des végétations rares et basses s'étendant jusqu'aux limites des lointaines montagnes, ce sont des aspects désolés de constructions préhistoriques nivelées dans les formidables convulsions de notre globe en avatar, aux temps mystérieux de la géologie héroïque de cette pauvre Terre que laisse bien tranquille, aujourd'hui, son feu central qui va s'éteignant....

De la *Cachoeira do Gentio* à l'embouchure de l'Iriri on compte 6 cachoeiras : *Cachoeira das Lages, Cachoeira do Passahy de Baixo, Cachoeira do Passahy de Cima, Cachoeira do Araçazal ; Cachoeira do Gavião, Cachoeira da Bocca do Iriri.*

La Cachoeira das Lages n'est pas très forte, pourtant elle est des plus périlleuses. Dans le canal central comme dans les canaux latéraux les chutes se produisent, non seulement dans la direction normale d'amont en aval, mais encore transversalement, les canaux débouchant fréquemment les uns dans les autres par des chutes ou de forts rapides, la rencontre de la chute longitudinale, et de la chute latitudinale crée un courant si brusquement impétueux, que le naufrage est certain pour toute embarcation qui n'a pas su éviter rencontre si fâcheuse.

Les deux CACHOEIRAS DO PASSAHY (CIMA et BAIXO), se passent sans beaucoup

Serra do Gavião.

de difficultés ; la CACHOEIRA DO ARAÇAZAL, la CACHOEIRA DO GAVIÃO, la CACHOEIRA DA BOCCA DO IRIRI ne sont dangereuses qu'aux grosses eaux ; l'été les embarcations sont conduites, presque sans danger, par des déviations au dénivellement peu brusque contournant les forts travessões. Toutefois le canal de la *Cachoeira da Bocca do Iriri* est-il, même maintenant, d'un passage assez périlleux. Presqu'en face, la *Cachoeira do Gavião*, à l'issue du Furo do Piramutinga est dangereuse, mais seulement au plus fort de la sécheresse.

Le chemin des Cachoeiras, d'Ararunacuara à l'Iriri n'est pas, assurément, des plus périlleux qui soient en Amazonie, toutefois il a constitué jusqu'à ce jour, un empêchement sérieux quant à l'exploitation des produits spontanés,

assez abondants et assez variés, que présente la région. Les seringueiros, toutefois, qui semblent ne devoir reculer devant aucune difficulté, sont déjà installés
bien en amont de ce mauvais passage.

Un igarapé assez important, l'Igarapé do Marsalino qui débouche dans le
Xingú un peu en aval de l'Ile (et de la Serra) do Coco a déjà été remonté assez
haut bien qu'il soit trop sec l'été et que ses cachoeiras soient très dangereuses
l'hiver. Cet igarapé a aujourd'hui 62 estradas de caoutchouc en exploitation.
L'Igarapé do Passahy et l'Igarapé Grande do Passahy ont également des
seringaes exploités — du moins quand la peur des *Assurinis* n'empêche pas
les seringueiros de travailler.

Les seringueiros et les ramasseurs de *castanhas.* Car la castanha (touka, noix
du Brésil) est abondante dans les forêts de la rive droite du Xingú, et l'on dit
que, plus on avance du Moyen Xingú vers le Moyen Tocantins, plus le castanheiro est en grand nombre dans les forêts des hautes terres. Ces forêts du
Xingú au Tocantins seraient d'ailleurs, paraît-il, des plus riches en tous les
produits spontanés que puisse offrir la Selva Amazonienne.

13 *juillet.* — Nos matinées sont nébuleuses, humides, froides, aux couleurs
sales. Nous traversons des solitudes de rochers nus, d'arbustes maigres ; nous
allons par de petites eaux doucement bruissantes, mais violentes et traîtresses
en maint endroit du large travers de la rivière. Et par delà ces rives indistinctes, ou peut-être dans l'un ou l'autre de ces innombrables îlots rocheux,
peut-être des Indiens bravos guettant qui passe, et qui parfois tuent comme
par sport. Ici même, dans cette région du Passahy, ils arrêtèrent, il y a peu
d'années, un canot chargé de marchandises et le pillèrent après avoir tué une
partie de la tripolação ainsi qu'une femme et deux enfants qui étaient de
passage.

14. — Par une claire matinée printanière, fraîche et gaie, nous passons
les rapides qui dissimulent à moitié la sortie du *Furo Grande do Piramutinga.*
Ce Furo do Piramutinga vient du bas de la Praia Alta, un peu en amont de la
Cachoeira da Piraracuara ; on met trois jours pour le descendre et l'on ne
met qu'un jour pour descendre par la grande rivière. Le Piramutinga est
rarement pratiqué, non seulement parce que dans le grand détour qu'il fait
dans l'intérieur on n'a rien trouvé qui compense les difficultés de l'exploita-

tion, mais encore parce que ces difficultés elles-mêmes sont grandes ; l'été ses rapides, alors brusques et faisant saut, sont périlleux, et l'hiver les eaux gonflées transforment en une violente *cachoeira*[1] la suite des petites *pancadas*[2]. Le Piramutinga aurait de 3o à 5o mètres de largeur et coulerait parfois en terres hautes, parfois en terres basses, le plus souvent en pedrarias broussailleuses.

Ernesto Accioli, de l'Iriri.

C'est à peu près en face du débouché du Piramutinga que se trouve le confluent de l'IRIRI.

L'IRIRI est, et de beaucoup, de tous les affluents du Xingú, celui qui a le cours le plus étendu et le débit le plus considérable.

Le confluent de l'Iriri n'est pas des plus faciles à reconnaître, on peut très bien passer en face, d'aval en amont et d'amont en aval, plusieurs fois, sans

1. La « cachoeira » est à proprement parler notre rapide, plus ou moins fort.
2. La « pancada » est une chute perpendiculaire, un saut à pic.

se douter que, par derrière ces îles et ces amas de pierres, débouche une rivière de plus de 5oo kilomètres de cours probable.

Quand on vient d'aval, pour arriver à l'Iriri, on prend par les fissures centrales de la rivière : les CANAUX : *Canal Grande, Canal do Carapaná*, on reconnaît la pointe d'aval de l'Ile de José Alves, puis, infléchissant légèrement à droite, on prend par le *Canal do Iriri* passant le travessão d'aval et les deux travessões d'amont de la CACHOEIRA DO IRIRI dans ledit *Canal do Iriri*, puis, poursuivant à l'ouest parmi les pedrarias on laisse les canaux étroits pour prendre un canal plus large qui n'est autre que l'Iriri lui-même, — resserré, lui aussi, l'été, entre les bas-fonds de ses rives, mais présentant toutefois, comme signe indubitable de sa puissance, l'énorme élargissement dans lequel coule le canal d'été, au milieu d'immenses pedrarias nues, que couvrent sous leurs masses de plusieurs mètres d'épaisseur les eaux rapides et puissantes, qu'alimentent les pluies d'hiver.

L'IRIRI coule, parait-il, sensiblement sud-nord, s'écartant peu du Xingú, avec qui il restait constamment parallèle. Il présenterait, l'été, de grandes plages ayant des kilomètres de longueur et, par derrière les rives haut boisées, des seringaes qui seraient au nombre des plus riches que l'on connaisse.

L'Iriri présente les mêmes caractères hydrologiques que le Xingú : c'est un torrent qui, l'été, sèche au point qu'au-dessus de la 1re cachoeira on ne peut le remonter qu'en montarias ou en ubas grandes, et qui, par contre, l'hiver, charrie d'énormes masses d'eau, déborde, s'épandant au loin dans la forèt par delà ses rives franchies. Il n'est navigable en égaritéa que jusqu'à la première cachoeira appelée la CACHOEIRA DA BOCA DO IRIRI, bien qu'elle soit déjà à *un jour* de montée dans l'intérieur de la rivière. Jusqu'à cette cachoeira l'Iriri conserve, ou peu s'en faut, la largeur du Xingú; au-dessus, il est encore d'une assez grande largeur; toutefois, il n'a plus assez de fond pour la navigation normale des igarités : aussi n'est-ce guère que des montarias ou même de grandes ubas qui sont employées à la navigation de l'Iriri dès au-dessus de la première cachoeira.

C'est à *un jour* en amont de la *Cachoeira da Bocca do Iriri* que se trouve la plus importante installation de l'Iriri, celle de Ernesto Accioli de Souza,

Cearense, qui a là un nombreux personnel employé à l'extraction de la borracha[1].

On évalue au nombre de 70 le nombre total des travailleurs ou des membres
de leur famille vivant avec Ernesto Accioli ou travaillant pour lui dans les
seringaes ou dans les canotages. Ce chiffre ferait de la maison d'Ernesto la plus
importante de tout le Xingú des Cachoeiras. Le barracão est dans une île : là
aussi on redoute les « Carajás » !

La *Cachoeira da Bocca do Iriri* est, toute l'année, infranchissable. Généralement les igarités des habitants du Xingú restent en bas; en haut de la
cachoeira ils ont leurs ubas et leurs montarias qui les attendent quand ils des-
cendent le Xingú en igarité. La CACHOEIRA DA BOCCA est véritablement un
saut mesurant de 4 à 5 mètres de dénivellement presque à pic; elle comprend
un *Salto* central flanqué, de chaque côté, de dénivellements assez brusques.

L'Iriri a été remonté sur 20 *jours* de parcours de montaria ou d'ubá, *du
confluent avec le Xingú au confluent du Curuá*, affluent de gauche.

Du confluent à la CACHOEIRA DA BOCCA	1 jour.
De la CACHOEIRA DA BOCCA à Ernesto	1 jour.
De Ernesto à la 1ʳᵉ CACHOEIRA du Haut Iriri	3 jours.
De la 1ʳᵉ Cachoeira à la 2ᵉ CACHOEIRA	8 jours.
De la 2ᵉ Cachoeira à la 3ᵉ CACHOEIRA	1 jour.
De la 3ᵉ Cachoeira à la 4ᵉ CACHOEIRA	2 jours.
De la 4ᵉ Cachoeira au confluent du *Curuá*	4 jours.
TOTAL	20 jours.

Ces 4 cachoeiras du Alto Iriri sont de petites cachoeiras où l'on ne décharge
que pendant la sécheresse. L'hiver on les passe sans alléger les embarcations;
aux plus grosses eaux, ces 4 cachoeiras sont complètement couvertes, ou peu
s'en faut.

Je ne crois pas qu'aucun civilisé ait encore remonté l'Iriri au-dessus du
confluent du Curuá, pas plus que ce Curuá lui-même. Les Indiens disent que
ce Curuá est une rivière d'eaux profondes avec des cachoeiras moyennes complètement couvertes pendant l'hiver.

---

1. *Borracha* : caoutchouc.

D'après les renseignements des Indiens, on arriverait, en remontant 3 *jours* le Curuá, au confluent d'un igarapé de rive gauche qui communiquerait avec le Tiocantins, affluent du Jauamaxim. Il suffirait de suivre pendant 5 *jours* par terre cet *Igarapé Curuá-Tiocantins* jusqu'à cette dernière rivière. De sorte qu'on arriverait, en 28 *jours*, de l'embouchure de l'Iriri au Tiocantins. Si l'Igarapé *Curuá-Tiocantins*, nettoyé, pouvait donner passage aux petites embarcations, on se rendrait par eau, en 40 JOURS environ DU CONFLUENT DE L'IRIRI AU CONFLUENT DU JAUAMAXIM PAR LE CURUÁ ET LE TIOCANTINS, — DU XINGÚ AU TAPAJOZ.

Le voyage vaut la peine d'être tenté....

Avant de poursuivre notre voyage dans le Xingú, un coup d'œil rétrospectif et d'ensemble sur les divers spécimens de tribus indiennes vues dans le Xingú, où dont on m'a parlé pour ce qui est de l'Iriri, permettra de se faire une idée plus nette de l'état de l'INDIGÉNAT DANS LE BAS ET LE MOYEN XINGÚ.

Il ne saurait s'agir ici d'une « Étude » dans le sens un peu solennel que comporte le mot, mais seulement de quelques « Notes » à jeter sur le papier à peu près au hasard du carnet de voyage.

Qui voyage au Xingú Paraense n'entend guère parler que de tribus indigènes, les *Assurinis*, les *Penas*, les *Jurunas*, les *Achipayes*, les *Araras*, les *Curinayes*, les *Araras bravos*, les *Carajás*, les *Caruriás ou Mundurucús*.

Les ASSURINIS, dit-on, habitent exclusivement rive droite, à peu près de Piranhacuara à Praia Grande. Ce seraient les Indiens connus au Tocantins sous le nom de « *Veados* ». La plus grande force des Assurinis serait, paraît-il, dans le Rio Pacajá Grande, de la « Volte » du Bas Xingú, à 1 jour ou 2 en remontant et de là en amont, mais toujours dans les forêts centrales et jamais sur les rives. Les ASSURINIS, mansos et civilisés au Tocantins où on les connaît sous le nom de *Veados*, ne sont bravos qu'au Xingú où ils attaquent chaque année à plusieurs reprises, et, chose curieuse, avec un succès constant sinon croissant. Cette année ils ont attaqué sur deux points; en janvier dernier ce fut à la Serra do Passahy de cime où ils criblèrent de onze flèches un seringueiro qui pourtant ne mourut pas; et à la Praia Grande en juin dernier. Là, deux seringueiros furent attaqués; l'un d'eux échappa, l'autre, blessé, mourut en essayant de se sauver à la nage. — Et c'est en raison de toutes ces histoires

peu rassurantes que je me suis muni pour ce voyage du Xingú, d'une « artil-
lerie » formidable : 9 rifles et 2 fusils de chasse.

Les PENAS, qui furent, jadis, paraît-il, une tribu assez nombreuse, sont
aujourd'hui réduits à ce que nous avons vu plus haut. Ils sont de langue tupi.

Les JURUNAS s'étendent de la Praia Grande à la Pedra Secca. Ils furent autrefois nombreux, il y a une vingtaine d'années ils n'avaient pas moins de

Trois Jurunas : Antonio Nunes, Doutor, José Grosso.

18 malocas, — celles des tuxáus *Damaso, Muratú, Nunes, Curambé, Cancan,
Tariendé, Tababacú, Tabaratá, Tabão, Aribá, Macaïri, Joaquim Pena,
Ignacio, Dady, Tamaricú, Acadá, Turiá, Pacharicú.* Ils sont aujourd'hui
réduits en nombre : c'est tout au plus si l'on peut en compter 150, — mansos,
civilisés ou vagabonds.

Les ACHIPAYES ou ACHUPAYES sont des Indiens de l'*Iriri*, où on les rencontre
depuis chez Ernesto Accioli jusqu'à environ 15 jours en amont et même au-
dessus. Jusqu'à 15 jours en amont, ils sont mêlés à la population civilisée de
l'Iriri ; au-dessus et jusqu'à quelques jours en amont dans le Curuá d'Iriri, il

ne se trouve pas encore de population civilisée et les Achipayes vivent là de la primitive vie indienne, mais mansos et déjà relativement policés. Dans le Curuá, la 1re maloca achipaye en aval est à 5 jours au-dessus du confluent avec l'Iriri et la dernière à 7 jours au-dessus de la première, soit à 12 jours du confluent. Les Achipayes seraient de la même famille linguistique que les Jurunas, avec lesquels ils se comprendraient assez facilement.

Les ARARAS sont, dans le Xingú, la nation indienne mystérieuse par excellence. Ceux que j'ai vus sont de teint clair, d'allure élégante. Ils passent pour être la nation indienne la plus vagabonde de la région : ils sont à l'Iriri, ils sont au Curuá d'Ituqui, ils sont au Xingú et aussi dans les forêts de la rive droite du Xingú, mais ils ne paraissent être bien sédentaires nulle part. Ils sont renommés, les femmes surtout, pour leur beauté. Encore peu mêlés avec les civilisés, on n'en trouve que fort peu d'entre eux parlant portugais et leurs mœurs sont encore beaucoup plus celles de la maloca que celles du barracão.

Les Araras, dans leurs vagabondages, se mêlent assez volontiers avec les autres tribus : avec les Penas, les Jurunas, les Achipayes, comme s'ils voulaient, de parti pris, disparaître comme tribu en se fondant avec les tribus voisines. Une bonne partie des Araras est aujourd'hui chez les Penas, — on ne sait quelle affinité a uni les Penas et les Araras, ces derniers étant de langue caraïbe et les premiers de langue tupi.

Les CURUAYES ou CURIUAYES ou CURUEYES, — car on les appelle au Xingú de ces différents noms, — auraient leurs malocas dans les forêts de la rive gauche du Curuá d'Iriri. Quand ils apparaissent à l'Iriri, on leur remarque des objets de provenance civilisée qu'ils tiennent, suppose-t-on, soit des civilisés du Jauamaxim par les Mundurucús, soit des Mucambos du Curuá d'Ituqui par les Araras. En 1895 on les voit traverser le Xingú sur différents points, en amont de Piranhacuara. Une douzaine d'ubás passèrent de la rive occidentale à la rive orientale. Quelque temps après les Curuayes traversèrent à nouveau et laissèrent leurs ubas sur la rive du couchant, à la hauteur de l'Ilha Grande comme latitude moyenne.

Il y aurait aussi, dit-on, des ARARAS BRAVOS qui vivraient dans les hauts du Curuá d'Ituqui plus ou moins complètement séparés des autres Araras. Ils seraient là mêlés ou se mêlant aux Nègres des Mucambos du Curuá d'Ituqui,

« Mucambos » que l'on trouverait, paraît il, en assez grand nombre dans le cours moyen et le cours supérieur de cette rivière. Sur les bords mêmes du Curuá les *Araras bravos* seraient en amont des Mucambos, mais par les forêts des deux rives ils s'étendraient jusque non loin de l'Amazone. Il y eut, voici quelques années, une guerre entre les *Araras* et les Nègres des Mucam-

Macabayó : femme Arara.

bos, mais aujourd'hui, d'après les renseignements vagues qu'on en a, il paraît qu'ils se seraient mutuellement pénétrés et mêlés, Nègres fugitifs et Indiens, formant aujourd'hui une peuplade absolument hostile à tout ce qui est civilisé ou indien manso.

Les CARAJÁS des habitants du Xingú ne sont autres, — d'après toutes les informations que j'ai pu recueillir, — que les BOTOCUDOS-SUYAS dont Steinen, venant de Matto Grosso, traversa les villages avant d'arriver à la Cachoeira da Pedra Secca. Ces CARAJÁS, médiocres canotiers, iraient surtout par les forêts de l'intérieur, traversant parfois le Xingú en de mauvaises ubás mal taillées qu'ils fabriquent sur une rive pour les abandonner sur l'autre, la traversée faite. Ils seraient de haute taille, corpulents, vigoureux, bons nageurs, mais nullement braves et n'attaquant guère que par trahison.

Vers 1893 ces CARAJÁS ou BOTOCUDOS-SUYAS eurent une installation temporaire dans les montagnes du confluent de l'Iriri. Ils eurent même maille à partir avec les civilisés de cette rivière, qui tuèrent un certain nombre d'entre eux, leur présence ayant été révélée à un civilisé par la mise à l'eau d'une ubá très grossièrement taillée, sur le bord d'un igarapé voisin. Toutefois l'ubá avait été taillée au moyen d'instruments de fer, sans doute haches et couteaux achetés par les « Carajás » aux Jurunas au fameux « marché » de la Pedra Secca.

Encore aujourd'hui, prétend-on, on serait exposé à rencontrer dans les montagnes du confluent de l'Iriri de ces Carajás à botoques, de vrais Carajás qui n'auraient rien des Jurunas déguisés en Indiens bravos....

Les CARURIÁS, enfin, autres Indiens mystérieux, « mansos mais très batailleurs » à ce que prétendent les Jurunas, les *Caruriás*, apparaîtraient parfois sur la rive occidentale du Xingú, où ils construiraient des ubas assez bien faites avec lesquelles ils iraient visiter les Jurunas, qui depuis longtemps sont en bons termes avec eux. Ces Carurias appartiendraient à une autre grande rivière, ils habiteraient une région de vastes campos, ils seraient de couleur un peu foncée et seraient surtout connus pour être de grands voyageurs, ces CARURIÁS, d'après toutes les probabilités, ne seraient autres que les MUNDURUCÚS.

CHAPITRE III

Du confluent de l'Iriri en amont, les cachoeiras se succèdent ininterrompues : Cuatacuara, Cameleão, Sabão, Tapayuna, Sapucuara, Pirararacuara, Araçazal... jusqu'à Piranhacuara.

La Cachoeira do Cuatacuara, entre la chaine de Cuatacuara qui est rive gauche et les petites collines qui s'étendent, par delà les « pedrarias »[1] jusqu'au Furo Grande do Piramutinga, la Cachoeira do Cuatacuara, formée de plusieurs rapides latéraux, se passe, du moins à cette époque de l'année, avec une facilité relative.

C'est au-dessus de cette cachoeira, et avant de prendre la Cachoeira do Cameleão, qu'il faut franchir, en face du Morro Grande do Cuatacuara, le *Rebojo do Pastrazana*, tourbillon sinistre où, en mars dernier, Pastrazana, commerçant de Piranhacuara, perdit quatre personnes : trois femmes et un

---

1. *Pedraria, pedral* : amoncellement de roches, *chaussée de géants*, endroits rocheux ou pierreux, etc.

enfant, — et même toute sa production de caoutchouc de l'année : cent contos de reis, soit environ cent mille francs....

L'infortuné travaille aujourd'hui, au même endroit, à reconquérir ce qu'il a perdu.

La Cachoeira do Cameleão, qui se termine, en aval, par le dit Rebojo do Pastrazana, la Cachoeira do Cameleão est une des plus périlleuses du Xingú. Pour monter, le canal de rive droite est le seul praticable, ou du moins le meilleur. C'est celui que nous prenons. Et pourtant nous ne mettons pas moins de 7 heures (de 8 heures du matin à 3 heures du soir), pour passer la Cachoeira do Cameleão, qui est pourtant, en somme, quand on ne la passe pas par le grand canal, plus fatigante que dangereuse.

Nous couchons en haut de la cachoeira redoutée, dans un îlot sur le bord du canal ordinaire de la Cachoeira do Sabão. L'été, il paraît que toute l'eau de ce canal passe sous une sorte de pont naturel : un trou dans une roche, trou juste assez grand pour donner, aux basses eaux, passage à une petite igarité sans tolde. En ce moment la roche est complètement couverte par les eaux encore grosses.

La *pancada*[1] *do Sabão* est dans le bras de rive gauche, de l'autre côté des pedrarias qui bordent à l'ouest le canal ordinaire de la cachoeira, elle est à pic et mesure environ 2 mètres au plus fort dénivellement de l'année. Son nom lui vient de ce que les roches les plus abondantes dans les parages de la cachoeira sont lisses, blanchâtres, veinées et marbrées, et présentent, sous un certain angle, l'aspect d'un immense savon de Marseille.

De l'autre côté de la Cachoeira do Sabão et de son canal, dans le grand bras de la rivière se trouve la périlleuse Cachoeira da Proa Quebrada que l'on évite en passant du côté do Sabão.

Immédiatement en amont, la Cachoeira da Tapayuna. La plus forte pancada se produit au milieu de la rivière entre deux îlots de pedrarias; c'est une des plus fortes du Xingú, mais on l'évite en prenant par la rive droite où, selon la force des eaux, on prend par la région médiane ou bien par le canal oriental.

---

1. *Pancada* : chute d'eau et spécialement chute à pic.

C'est de ce *Canal oriental de la Cachoeira da Tapayuna* que part le *Furo do Cuatacuara*, qui va sortir à quelques kilomètres en aval en face des Ilhas do Cuatacuara et un peu au-dessus de la Cachoeira du même nom. Le Furo do Cuatacuara descend d'abord entre des îles de pedrarias, puis il traverse la forêt où il est resserré et envahi par la végétation.

L'*Ilha do Cuatacuara* entre le furo du même nom et le Xingú est elle-même entourée par l'*Ilha*, plus grande, *du Piramutinga*.

Canal do Araçazal.

La Cachoeira da Sapucuara, très forte aux grosses eaux, a des rebojos terribles pendant l'hiver. Maintenant ses courants sont encore d'une étonnante violence. Nous passons Sapucuara à l'espia[1], de pointe en pointe, longeant toute la partie occidentale de l'anse.

La partie centrale du bassin de Sapucuara est occupée par des bancs de « pedrarias » recouvertes de végétations tantôt maigres et grêles, tantôt forestières. Ce bassin a été divisé par la nature en sections, sections bastionnées, surtout du côté amont, de roches entassées présentant un aspect formidable.

1. *Espia* : câble de halage.

On navigue de bassin en bassin passant par des « portes » où vibrent, violents, des courants qui semblent de force à ébranler le granit. Par moments on songe à un pont édifié de main d'hommes mais bouleversé par un tremblement de terre. L'ensemble est beau. Et maintenant, dans le ciel bleu, des vols très lointains de jaburús énormes zigzaguent leur mouvante ligne brisée.

On passe, sans s'en apercevoir, de la Cachoeira da Sapucuara à la Cachoeira da Pirararacuara. Mêmes bassins naturels communiquant entre eux par des « portes » identiques, mêmes courants violents pour passer d'un bassin dans l'autre.

La Cachoeira do Araçazal, très forte et très dangereuse l'hiver, forme deux pancadas en tout temps périlleuses, l'été plus hautes, l'hiver avec moins de dénivellement, mais avec une plus grande masse et une plus grande impétuosité des eaux. Nous déchargeons tous les bagages et passons le canot par le canal du centre, espèce de ruisseau de dix mètres de largeur entre deux bancs de pedrarias où poussent quelques rares et maigres buissons d'araças bravos. Le Canal do Araçazal dévale de rapide en rapide, précipitant toujours un peu plus sa marche vers la sortie : on dirait quelque petit torrent d'hiver bondissant dans un sillon ouvert par un volcan à travers quelque plateau sinaïtique.

Comme nous voyageons, en ce moment, en 3 igarités, nous mettons 6 *heures*, y compris le déchargement et le rechargement, pour amener notre flottille de bas en cime du Canal do Araçazal, lequel a bien 5oo *mètres de longueur,* ou pas beaucoup plus. Et voilà bien le Xingú! Rivière de la patience, rivière des pierres, rivière d'une beauté sauvage, mais sauvage rivière!

En amont de ce Canal, la Cachoeira do Araçazal est maintenant d'une violence extrême; son courant est formidable et le dénivellement, vu de bas, est tellement saisissant à l'œil, qu'il donne aux plus endurcis aux passages des cachoeiras une sensation où le grandiose ne compense pas le désagréable. On n'essaie d'ailleurs point de lutter contre les grands courants du centre, on prend, rive gauche, par des passages latéraux moins directs qui rompent la violence du torrent descendant.

La Cachoeira do Araçazal a aussi son chapitre nécrologique. Ce Xingú encore si peu peuplé a, jusqu'à présent, rempli surtout de listes mortuaires les quelques premières pages de son livre à peine commencé. Et, à côté des pertes d'hommes, les pertes d'argent, des centaines de contos de reis[1] de caoutchouc et de marchandises dorment au fond du lit des tourbillons sous le mouvant linceul des eaux que les cataractes frangent d'écume.

Pourtant, dans les forêts des rives, baunilhão, baunilha, copahyba, castanheiro, jaborandi, batatões, abondent, réserves pour des temps futurs plus ou moins éloignés, espoir certain du *plus grand Pará* des âges à venir.

Et en attendant ces moissons futures que nous ne verrons pas, nous autres

Montagnes de Piranhacuara

pionniers de la première heure, nous poussons jusqu'à la tombée de la nuit nos journées de dur labeur. On arme d'abord la tente de campagne, les hommes font la cuisine, j'établis mon levé et, quand la marmite est à point, nous nous sentons tous si fatigués que nous laissons notre dîner pour demain matin et que nous nous réfugions bien vite dans nos hamacs, où nous ne tardons pas à dormir, bercés par le bruit des cachoeiras.

Dimanche 19. — Les hamacs sont défaits, la tente est pliée, le canot est en marche. La brume, froide, tamise chichement une lumière triste. Nous sommes dans les îles de Piranhacuara, un archipel à borracha, s'il en fut! Une douzaine d'îles s'allongent dans le lit de la rivière que flanquent de chaque

1. Le *conto de reis*, aujourd'hui, vaut environ mille francs.

côté les Serras de Piranhacuara. Ces îles, — da Piassaba, do Gato, do Juary, do Frederico, dos Patos, do Bellarmino, do Sucuryú, do João Facada, do Professor, do Alexandre Falcão, do Velho Amaro, da Bocca Preta — ces îles constituent peut-être le plus riche archipel à caoutchouc du Xingú tout entier.

La région de terre ferme de Piranhacuara est également un des riches districts de la contrée. Entre les montagnes, qui constituent, pour la région, un assez puissant massif montagneux, coulent neuf igarapés, trois rive gauche et six rive droite, « igarapés grandes » sur les rives desquels se rencontrent la plupart des produits spontanés de l'Amazonie et même des *campos* qui, par derrière le Morro do Pastrazana, s'étendraient le long de l'Igarapé Grande dos Carajás....

C'est immédiatement en amont de cette région de grandes îles et de grands igarapés que l'on prend la Cachoeira da Piranhacuara composée de plusieurs travessões, dont deux, spécialement, sont d'une assez forte poussée d'eau.

Au-dessus de Piranhacuara c'est un autre archipel, celui-là sensiblement plus important que celui d'aval. Il se compose d'une quinzaine d'îles : do Jacintho, do Caixio, do Barros, do Martins Grande, do José Doido, Central, de Baixo do Curuá, do Curuá, do Jardilino, do Recreio, do Saboia, do Santiago, da Samahuma et de quelques autres non encore nommées. Les plus grandes de ces îles sont celles do José Doido et da Samahuma.

La Cachoeira do Curuá qui se trouve rive gauche, entre l'île du même nom et la terre ferme, se continue à travers tout l'archipel. Nous la passons entre l'Ilha do José Doido et l'Ilha Central. Une dizaine de travessões plus fatigants que dangereux nous permettent d'éviter la grande chute, — dont je garde l'étude pour le retour.

Nous sommes maintenant dans le Tuayá, mot vague par lequel les habitants du Bas Xingú, peu au courant de la géographie de leur rivière, désignent le Alto Xingú. Pour eux le *Tuayá* commencerait en amont de Piranhacuara, de Piranhacuara au confluent de l'Iriri le Xingú s'appellerait *Piranhacuara*, et le *Xingú* véritable ne partirait que du confluent de l'Iriri en aval.

Ces désinences un peu simplistes, faisant ressouvenir des primitifs peuples pasteurs donnant à leur rivière un nom nouveau à chaque pâturage qu'elle traversait, ces désinences doivent être abandonnées. Il n'y a ni Rio Pira-

nhacuara, ni Rio Tuayá, il n'y a que le Rio Xingú. D'ailleurs pour montrer
l'absurdité de ces désignations ignorantes il suffit de dire qu'en Juruna *tuayá*
n'a pas d'autre signification que celle de EN AMONT. TUAYA : EN AMONT; PUAYA :
EN AVAL.

Tout de suite en amont de l'Ilha da Samahuma on prend les premiers tra-

Curupaity : intérieur de maison.

vessões de la CACHOEIRA DA BALISA. Parmi de vastes pedrarias faisant très lointaines les rives indistinctes de la rivière, les eaux du Xingú s'écoulent rapide-
ment, bruissant et sautant de tous côtés. Puis, passant toujours des travessões,
on arrive à l'Ilha da Alagação où un habitant du Alto Xingú, Miranda, resta,
après avoir chaviré dans les travessões de cima, quatre ou cinq jours sans
manger, il y a de cela quelques années. Il paraît que ce fut Angelo Cavalcante
qui, passant par là d'aventure, le sauva d'une mort certaine.

L'Ilha da Alagação se relie, par des masses rocheuses, à l'Ilha da Balisa, flanquée de deux collines, qui dominent le canal central de la rivière. Ce canal est généralement peu profond dans ces parages : le plus souvent nous allons avec 5o centimètres d'eau ou même moins.

Le Furo qui descend par derrière l'Ilha da Balisa se continue jusqu'au Canal da Samahuma par derrière les pedrarias ; quand les eaux sont assez grosses, c'est le chemin de ce *furo* et de ce *canal* que l'on prend de préférence. Toutefois rarement il a assez d'eau pour igarités, et au plus fort de l'hiver ce n'est qu'en montaria qu'on peut le descendre; l'été il n'est accessible qu'aux ubás.

Dès les rochers de la pointe d'amont de l'Ilha do Pedro Alagoas on commence à prendre les premiers travessões de la Cachoeira das Guaribas, aux îles et aux rives riches en seringaes.

On prend par un canal entre les pedrarias ; c'est un canal central ayant des bras latéraux, des ramifications, et le pédral est comme partout recouvert de végétations maigres distribuées au hasard.

Dans la rivière élargie on prend, parmi les îlots boisés et les rochers nus, les premiers travessões de la Cachoeira da Curupaity. On passe quatre de ces travessões et on arrive au petit îlot où se trouve la barraca de Raymundo Marques, un seringueiro devenu passablement commerçant. Nous demeurons du 22 au 28 chez Raymundo Marques pour y parfaire tant mal que bien nos provisions de voyage.

Ici l'hospitalité n'est pas écossaise. Les poules qui me sont vendues 4$ooo à Pará me sont cotées 8$ — prix de faveur, me fait-on remarquer, afin que je garde de la faveur reçue une impression qui me rende reconnaissant en temps opportun.

Toutefois le voyage s'organise, mais Dieu sait dans quelles conditions! C'est comme lorsque les Touaregs « s'arrangent avec une caravane » — « pour la protéger!... »

Et le fin du fin, le délicieux, le voici : Notre seringueiro ne voyage qu'avec « sa famille ». Or il me donnera des gens, mais *il faut* qu'il m'accompagne. Il m'accompagnera avec sa femme, car celle-ci, élevée « dans le Tuayá », désire revoir les bonnes malocas familiales. Et l'on me change l'igarité que m'a prêtée Ernesto. Ce bon Raymundo me donne la sienne, qui « va mieux », dit-il....

Et en avant, la famille Indienne! La carte de Steinen nous servira de guide, car ni mes gens ni la maloca de Raymundo ne connaissent le Xingú à plus de deux ou trois jours au-dessus de Curupaty.

Le mardi 28 juillet nous sommes en mesure toutefois de quitter l'hospitalière baraque pour les solitudes inconnues du très lointain « Tuayá ».

Moyen Xingú : personnel indigène

28 *juillet*. — Nous longeons la Grande Ile du Curupaity. Des roches, des traversées se succèdent, nous laissons à notre gauche quatre igarapés qui viennent des forêts orientales et, au commencement de la Cachoeira do Paysandú, en face de la Cachoeira da Pedra Preta nous arrivons à l'embouchure de l'Igarapé Itapixuna dans lequel j'entre quelques pas pour en vérifier l'importance.

L'*Igarapé Itapixuna* a environ 3o mètres de largeur à son confluent.

Il a peu de courant. Pendant deux jours de montée on ne rencontre guère de seringaes sur ses rives, mais plus en amont on en rencontre beaucoup. C'est dans cette région, où l'on rencontre les seringaes, que l'Itapixuna commencerait, paraît-il, à s'élargir, et traverserait une espèce de région lacustre ou inondée au-dessus de laquelle, à 3 jours de l'embouchure, on trouverait une 1re cachoeira, et, 2 jours plus haut, soit à 5 jours de l'embouchure, une 2e cachoeira près de laquelle se trouverait la maloca principale des *Assurinis*. L'Itapixuna se conserve, paraît-il, assez profond, même l'été il ne serait navigable à la vara que sur une partie de son cours. C'est, dit-on, l'ancien tuxaua Juruna Macayori qui a le plus fréquenté l'Itapixuna....

29. — En amont de l'Itapixuna on a si peu de fond que souvent, ne pouvant passer, on est obligé de rebrousser chemin. Nous allons, dans ces parages, à peu près toujours au varejão. Le grand bâton cherche son point d'appui sur le sable du fond et les hommes poussent, dans un perpétuel recommencement de ce mouvement rythmique. Il y a dans cette poussée toujours la même quelque chose qui synthétise l'effort grandiose mais pourtant vain de l'humanité en labeur, peinant et peinant toujours sans bien savoir pourquoi, pendant qu'*Elle*, *Elle* écoule son flot toujours le même et toujours roulant le même sable banal, — cette Entité morne que nous appelons l'Éternité....

30. — Le Morro Grande, — grand pour le Xingú et encore tout au plus, car il n'a guère que 100 mètres d'altitude relative — le Morro Grande, qu'on voit distinctement dès là-bas du grand « estirão »[1] qui commence à la Pedra Preta, le Morro Grande est la montagne la plus remarquable du Moyen Xingú.

Vu d'aval, le Morro présente trois sommets, mais séparés par des dépressions tellement faibles que, sous un angle un peu éloigné, le Morro Grande paraît faire Table. Du côté aval la chaîne fait l'illusion d'être perpendiculaire à la rivière; mais il n'en est rien, elle lui est seulement tangente par sa partie centrale, les deux extrémités décrivant une courbe dirigée vers l'intérieur.

Nous dormons en face de la courbure amont du Morro Grande, à un

---

1. *Estirão* : grande coulée rectiligne d'une rivière : étymologiquement, longue trotte.

petit ilot de sable où nous sommes invités à accoster par des ramiers qui
font là grand ramage comme le soleil descend au-dessous de la ligne des
forêts.

31. — Les hommes sont à chasser au Morro Grande, chasse aux résultats
bien douteux. Il ne sert de rien d'aller chercher du gibier dans la plupart
de ces solitudes de l'intérieur, car il arrive trop fréquemment qu'on revient

Morro Grande.

bredouille. Quand, d'aventure, le gibier traverse la rivière ou se montre
sur ses bords, on peut encore faire d'heureuses chasses; mais s'enfoncer,
de propos délibéré, dans la forêt vierge pour y faire lever du gibier sans
connaître minutieusement la topographie des environs, c'est le plus souvent
se donner beaucoup de mal pour ne réussir qu'à perdre du temps.

1er août. — La chasse ne nous a pas payés de notre peine, toutefois elle
nous a quelque peu fait connaître le Morro Grande.

Le Morro Grande, plus imposant par sa masse que par sa hauteur, se
compose de six sommets, trois qu'on voit d'aval, trois qu'on voit d'amont,

six sommets dessinant un arc de cercle dont la convexité est tournée vers la rivière. La concavité de l'arc de cercle descend en pente douce sur les terres de l'intérieur, formant un plateau maigrement boisé.

En amont du Morro Grande, le Xingú présente de grandes îles et des travessões médiocres : l'*Ilha das Mucuras* qui a une petite montagne, l'*Ilha do Tamanduá*, l'*Ilha dos Torins*, l'*Ilha do Balbino* avec le TRAVESSÃO DAS MUCURAS et le TRAVESSÃO DO BALBINO. Sur la rive gauche une dizaine d'igarapés, tous à seringaes, débouchant par derrière les îles ou les pedrarias.

Au-dessus c'est l'ILHA GRANDE, une des plus grandes du Xingú. Nous ne mettons pas moins de 7 h. 10 pour la remonter au varejão avec 4 varas et 2 pilotes. Nous prenons par la rive gauche. On passe sans grandes difficultés, le TRAVESSÃO DO ANAMBÉ et le TRAVESSÃO DO LAURINDO; puis, perdant de vue la terre ferme, on prend par le canal d'entre l'Ilha Grande et l'Ilha do Ludovino jusqu'à ce qu'on aperçoive une assez grande plage qui termine en amont l'Ilha Grande, près d'un petit campo naturel, qui se trouve par derrière la pointe d'amont mais 'qu'on ne voit pas de la rive.

Et, cette grande ile finie, une autre grande ile commence, l'Ilha do Manoel Joaquim, qui est rive droite, faisant face à la Serra da Caruara qui est rive gauche.

La *Serra da Caruara* doit son nom à la PEDRA DA CARUARA qui se trouve entre l'Ilha do Manoel Joaquim et l'Ilha da Caxinguba.

On donne le nom de PEDRA DA CARUARA à un ensemble de rochers situés à la pointe d'amont d'un petit îlot au milieu du Xingú. Cet îlot aurait été autrefois le siège d'une maloca importante, mais à une époque très reculée, si l'on en juge par la quantité de haches de pierre grossièrement polies qu'on trouverait à une certaine profondeur dans le sol, soit enfouies de main d'homme, soit recouvertes par les végétations successives (une *Caruara*, en Juruna, est quelque chose de mystérieux, de sacré, de saint). L'ensemble de ces rochers de la Caruara mesure de 5 à 6 mètres de hauteur, quelques-uns des rochers sont posés horizontalement les uns au-dessus des autres, en enclumes, ménageant entre eux comme des corridors, des petites salles, des niches. L'ascension de cet entassement de pierres n'est pas sans présenter quelques périls....

En amont de la Caruara on arrive, par des *travessões* entre les *pedraes*, les Travessões da Caruara, à l'Ilha da Caxinguba où se trouve, du côté sud-ouest, la maison des Gomes Irmãos, les commerçants et producteurs de borracha les plus considérables du Alto Xingú.

A une petite distance en amont on rencontre, rive gauche, le premier campo qui vienne se terminer sur la rive même du cours d'eau : le *Campo de Tabarata* qu'on voit s'étendre dans l'intérieur à travers les végétations basses de la clairière qui borde la rive.

La « Caruara » de Caxinguba.

4 *août.* — Le voyage promet d'être dur, les hommes sont malades : quand ce n'est pas l'un, c'est l'autre, — et parfois deux ou trois en même temps! Raymundo a commencé : chaque nuit il a la fièvre; Antonio est malade à son tour, personne n'est bien valide : il faudra pousser le voyage pour gagner de vitesse sur la maladie….

Les appréhensions de l'équipage augmentent avec les nouvelles que nous recueillons sur notre passage : plusieurs Jurunas des civilisés du Alto Xingú et spécialement ceux des frères Miranda se seraient enfuis de la maison de leurs patrons. Ils sont partis en *Carajásada*, comme on dit pittoresquement par ici, c'est-à-dire qu'ils s'en vont errant, cachant leurs allées et venues, et cherchant à piller et à tuer pour se venger des torts imaginaires ou réels que les civilisés ont eus à leur endroit. Je ne leur veux pas de mal, mais il ne faudrait pas qu'ils s'avisent de nous envoyer des flèches, car dans ce cas, comme disait l'autre, les rifles partent tout seuls.

Nous arrivons aux premières îles de l'*Archipel des Mirandas*. Nous prenons par la rive gauche, entre l'Ilha Grande do Miranda, au centre, l'Ilha do Costa Santa et l'Ilha do Bonino à l'est. Une seule cachoeira, appelée Travessão do Pinheiro, s'étend d'aval en amont du canal central du petit archipel. Cachoeira moins dangereuse que fatigante, mais qui, de Pinheiro à Miranda, demande toutefois de 3 à 4 heures de travail.

CHAPITRE IV

6 *août*. — Miranda aîné se propose de nous accompagner jusqu'à la Pedra Secca. Bien qu'il soit l'habitant le plus ancien du Alto Xingú, il n'est jamais allé qu'à quelques jours de voyage au-dessus de son barracão, c'est-à-dire à une vingtaine de jours encore de la fameuse pierre-frontière.

Nous passons aujourd'hui les Travessões do Macayori, une dizaine de rapides parmi les îlots et les pedrarias.

7. — Il est six heures du matin. Les hamacs des hommes sont humides de rosée. Dès que le feu est allumé nous venons nous chauffer, qui le dos, qui la plante des pieds. Chacun de nous trouve que son voisin a des yeux de fiévreux. Quelques-uns grelottent, d'autres ont des nausées.

Nous allons sous des cieux brouillés, sales, pluvieux. Nous allons en silence, sans un rire, sans une plaisanterie, sans parler, comme des malades, comme des condamnés.

Ce climat du Xingú est traître ; il sort de ses pierres un paludisme spécial qui, pour être plus bénin que celui de quelques rivières de la Haute Amazonie, n'en est pas moins débilitant et déprimant. Toutefois — (et j'écris ceci en relisant, à Pará, mon livre déjà rédigé), — toutefois le climat du Xingú est, en résumé, beaucoup plus fatigant que malsain.

La CACHOEIRA DA ONÇA, que nous passons le lendemain de notre départ de chez Miranda, se compose de plusieurs courants violents disséminés dans la rivière encombrée de pedrarias. Il nous faut deux heures d'efforts soutenus pour vaincre les cinq travessões dont se compose la cachoeira.

D'anciennes malocas Jurunas commencent à se montrer dans de petits îlots. Les peureux Jurunas choisissaient de préférence les toutes petites îles, parce que le défrichement, bien vite fait, leur permettent de voir de loin venir l'assaillant possible, le terrible « Carajá » et de le braver... en s'enfuyant, à brûle-pagayes, dans la plus légère des ubás !

D'ailleurs, les Carajás n'auraient pas beaucoup de peine à aborder, même de pied ferme, dans ces petits îlots choisis par les Jurunas pour y mieux mettre à l'abri des surprises leur misérable existence : on a pied à peu près partout dans cette partie de la rivière, ce n'est que l'hiver qu'on ne peut aller d'une île à l'autre qu'à la nage ou en canot.

La CACHOEIRA DO IGNACIO, dans les îlots et les pedrarias, présente 4 travessões médiocres. Au-dessus du dernier de ces travessões habite, dans une île, un nommé Barros, client de Miranda, qui, fatigué, malade, ne continue décidément pas jusqu'à la Pedra Secca, mais s'en retourne d'ici même.

Les deux travessões d'amont de la Cachoeira do Ignacio s'étendent de la terre ferme de rive gauche à la pointe d'aval de l'*Ilha Grande do Tuayá*.

Dimanche 9 août. — Nous sommes entre la rive occidentale de l'Ilha Grande do Tuayá et la terre ferme. Nous allons par un fort brouillard ; de 7 heures à 8 heures 1/2, on ne voit rien devant soi. S'il y avait à passer la moindre cachoeira il faudrait s'arrêter : on ne passe pas les cachoeiras la nuit.

Quand nous nous arrêtons pour le déjeuner, comme je consulte la carte de

Steinen, les hommes, anxieux, viennent voir. « Où sommes-nous? » — me demandent-ils. La plupart de ces braves garçons ne savent pas lire, ceux qui ont quelques rudiments d'instruction primaire ne savent point lire une carte, toutefois ils sont satisfaits de m'entendre dire, en leur montrant les distances sur mon document allemand : « Nous avons déjà fait ce grand bout de chemin ; il nous reste à faire cet autre. »

Les TRAVESSÕES DO URUBÚ, assez médiocres, sont à la pointe d'amont de l'Ilha Grande do Tuayá.

Un déjeuner.

10. — Nous passons aujourd'hui l'Igarapé Grande do Fréchal, le Rio Cariahy des vieilles cartes. Le Fréchal, bien que de la largeur seulement d'un grand igarapé, serait un cours d'eau de quelque importance. D'après notre couple Juruna — Laurinda, la femme, et Chimbi, l'homme, qui sont, avec la carte de Steinen, les guides du voyage —, le Fréchal serait presque de l'importance du Rio Fresco. Les Jurunas remontaient le Fréchal dix jours pour arriver aux roseaux à flèches. Les Jurunas l'appellent *Paès ê amame*, l'Igarapé « da Cobra Grande ». Il a des cachoeiras et, dans les estirões libres, des fosses

profondes où vivent des boas. Des Carajás, — c'est-à-dire des Indiens bravos
quelconques, probablement les Suyás, — des Indiens Bravos y sont allés
plusieurs fois brûler, par méchanceté pure, des champs de roseaux. Du premier « fréchal », qui est à dix jours d'ubá en amont de l'embouchure, on
remontait encore quelques jours, pendant lesquels on trouvait de nombreux

Chimbi et Laurinda.

champs de roseaux à flèches. Les Jurunas remontaient encore, il y a peu
d'année, le Rio (ou Igarapé Grande) do Fréchal, aujourd'hui abandonné par
crainte de rencontres de Carajás.

Quelque peu en aval du confluent de cette importante rivière, nous passons
les travessões qui portent son nom : les TRAVESSÕES DO FRÉCHAL, rapides assez
forts parmi les pedrarias et les araçazaes.

D'anciens Jurunas auraient, paraît-il, poussé à travers bois, des travessões
do Fréchal aux champs de roseaux qu'on rencontre dans le cours supérieur

de l'Igarapé et, dans ce voyage, après 3 jours de grandes marches, les Jurunas auraient rencontré de grands *campos* à l'exploration desquels ils n'auraient pas osé se risquer.

Le confluent du Fréchal est en amont des *Travessões do Fréchal* et en aval de la *Cachoeira do Furão*.

Maison de Bibio, le dernier civilisé du Xingú Paraense.

La CACHOEIRA DO FURÃO a très peu d'eau, c'est tout juste si notre petite igarité trouve là un fond suffisant.

La CACHOEIRA DAS PIRANHAS, qui se lie, à peu près sans interruption, à celle du Furão, ne présente non plus d'autre difficulté que le manque d'eau.

C'est un peu en amont de la Cachoeira das Piranhas, dans une petite île de la rive droite, qu'habite le dernier civilisé du Xingú Paraense, un nommé Bibio que j'ai connu, il y a une douzaine d'années, préparateur, au Rio Negro et dans la Haute Amazonie, du voyageur italien Stradelli. Nons étions tous les trois jeunes, alors.... *Mais où sont les neiges d'antan?*...

Le Travessîo do Dady, du nom de l'ancienne maloca du Juruna Dady, est une singulière petite cachoeira roulant sur un bas-fond de sable. Il faut chercher son chemin : l'eau manque partout.

De grandes chaînes de hautes collines commencent à flanquer les deux rives du Xingú, paraissant se prolonger assez loin dans l'intérieur. Rive gauche, une grande chaîne paraît commencer au *Morro da Fortaleza*, bloc d'apparence rectangulaire et assez à pic, qui est sensiblement plus élevé que le Morro Grande.

12. — Il a plu cette nuit; une sensation de fraîcheur assez vive rafraîchit, au lever, nos corps et nos esprits prostrés par les fatigues du voyage. La brise souffle d'est, elle vient, paraît-il, de campos très vastes qui s'étendaient, d'après les Jurunas, « jusque vers d'autres grandes rivières, auxquelles on arrive en marchant du côté du soleil levant. »

Les Travessões do Turiá ou das Lages Grandes doivent leur premier nom à un tuxáua Juruna qui garda, pendant quelque temps, sa maloca dans ces parages. Les grandes « lages » ou roches plates se rencontrent aux premiers travessões d'aval. La cachoeira est facile.

L'îlet où était la dernière maloca de Turiá, en amont de la cachoeira, porte des traces d'une occupation toute récente; l'abandon date à peine de quelques mois.

Un peu en amont, trois grandes îles s'étendent par le travers de la rivière élargie : l'Ilha da Praia Comprida, l'Ilha do Meio, l'Ilha da Ubá Carajá.

Cette dernière, l'Ilha da Ubá Carajá, doit son nom à la trouvaille que nous y faisons, à la pointe d'amont de l'île, échouée dans le saranzal, d'une ubá carajá en bois *jangada*, ubá laissée là par les Indiens bravos de passage. Je n'ai pas de peine à croire Chimbi et Laurinda qui m'affirment que l'ubá est de construction « Carajá », — en effet, jamais Indiens civilisés ou même seulement *mansos* n'ont commis œuvre d'art si grossière. Et pourtant l'ubá a été travaillée, cela est visible, au sabre et à la hache, mais l'ouvrier était inexpérimenté et l'outil était imparfait.

Cette région est bien choisie pour une traversée en canot par des gens inexpérimentés : le Xingú, en cet endroit, présente peu de fond, et de grandes plages qui s'étendent presque d'une rive à l'autre permettent de passer à gué pendant une partie de l'année.

La plus grande de ces plages est la *Praia Comprida*, qui a donné son nom à l'*Ilha — da Praia Comprida*. Cette *Praia Comprida* me paraît être la plus importante du Xingú Paraense. Les deux autres grandes plages du Xingú, lesquelles sont à la Volte d'aval, n'ont pas la même importance : la Praia do Arapujá est plus large, mais moins longue que la Praia Comprida, la Praia

Le confluent du Rio Fresco.

Grande, moins large que la Praia do Arapujá est moins longue que la Praia Comprida.

Par delà ces plages et ces îles, on voit, quand on passe rive droite, les montagnes qui, dans une direction généralement N.O.-S.E., continuent le Morro da Fortaleza et le Morro do Turiá. C'est la Serra do Tabão et une grande chaîne encore innomée qui paraît se poursuivre, dans l'intérieur, de la Serra do Tabão à l'embouchure du Rio Fresco et qu'on peut appeler, pour cette raison, CHAINE DU RIO FRESCO. De grands campos, disent les Jurunas, existent derrière cette chaîne.

Il me paraît qu'il n'y a pas de chaîne de cette importance au Tapajoz. La hauteur moyenne relative de cette chaîne du Xingú ne paraît être que de 200 à 300 mètres, mais fréquemment, sur certains points, elle paraît double ou même triple, et l'on serait porté à croire à l'existence, dans cette région, d'un système montagneux assez important. Au delà de cette chaîne, d'après les Jurunas, s'étendraient de vastes *campos*....

Passant la CACHOEIRA DO NASCENTE, qui est assez forte, et le TRAVESSÃO DA CAPLERA GRANDE, qui ne présente pas de difficultés, on arrive au confluent du Rio Fresco dont l'embouchure est masquée par deux petites îles qui ne permettent pas, au voyageur qui prend par la rive occidentale, de deviner que,

Dans le Rio Fresco.

par delà ces îles, il y a l'embouchure d'un affluent important, — plutôt qu'un bras, un furo ou un paraná quelconque. Il faut chercher tout spécialement le Rio Fresco et le remonter quelque peu en amont des « pedrarias » de son embouchure pour s'apercevoir qu'on a affaire à un affluent de premier ordre.

C'est ce que nous avons fait.

Le RIO FRESCO n'est pas indiqué sur la carte de Steinen ; l'explorateur allemand passa par la rive gauche et ses guides Jurunas négligèrent de l'informer.

Le Rio Fresco peut être présenté comme complètement inconnu. Les grandes cartes le donnent toutes, comme de confiance, d'après, sans doute, quelque vieux roteiro portugais qui se sera perdu.

Personne n'a exploré le Rio Fresco. Miranda prétend toutefois l'avoir remonté une journée, mais il n'a rapporté que des données bien vagues. La rivière, dit-il, s'élargirait dans l'intérieur ; sur les marges on trouverait des

Jour de chasse.

traces du passage des Indiens : foyers éteints, ubás d'écorce abandonnées, etc.

Les Jurunas affirment, d'ailleurs un peu à la légère peut-être, — ou tout simplement sur les conseils de la peur — que le Rio Fresco serait un grand chemin de Carajás. Toutefois il est difficile de dire actuellement si le Rio Fresco serait plutôt le chemin des Botocudos-Suyás d'en amont de la Pedra

Secca que celui des *Carajás mansos*, — « mansos » au moins à l'Araguaya
où ils ont été établis en aldeias — et qui arrivés, au Xingú après avoir
descendu le Rio Fresco, s'y amuseraient à y faire les « bravos » — comme il
arrive à beaucoup d'Indiens dans des circonstances analogues. Toujours est-il
que le Rio Fresco, — qui n'a guère que 150 mètres à l'embouchure mais qui
s'élargit paraît-il dans l'intérieur — toujours est-il que le Rio Fresco est le

En face de la Serra de Carimantiá.

plus important des affluents du Xingú, des confluents de l'Iriri à la Pedra
Secca. Rien d'extraordinaire par suite, à ce que son cours supérieur soit assez
rapproché des régions de la Pedra Secca et de l'Ilha Grande do Bananal pour
que les Botocudos-Suyás et les Carajás d'Araguaya aient songé à profiter de
son cours pour descendre vers les régions du Bas Xingú.

La CACHOEIRA DO RIO FRESCO, à l'embouchure de cette rivière, ne se compose
que de rapides peu dangereux.

C'est à une petite distance au-dessus du Rio Fresco qu'on rencontre les fameux *Fechos do Tuayá*. En amont d'une grande île appelée Ilha dos Fechos do Tuayà, le Xingú présente un étranglement qui rappelle celui du Tapajoz à Montanha. Les montagnes viennent jusque sur le bord de la rivière rétrécie, qui, par surcroît, présente en cet endroit quatre petites îles ne laissant aux canaux par lesquels s'écoule le Xingú, que des longueurs d'igarapé.

16. — Nous passons notre journée à chasser dans les Morros do Carimantiá.

« Fechos » de Carimantiá.

La lassitude s'accentue, la prostration devient générale — la chasse fera peut-être diversion, un peu de viande fraîche ressuscitera peut-être les courages en léthargie….

En attendant, les écritures et la carte sont tenues à jour. On soigne les malades : ce malheureux Raymundo geint dans son hamac, inutilisé, effacé, anéanti. Ah ! la vie de l'explorateur est plus dure que celle du seringueiro !

Et quand les chasseurs reviennent, c'est à peu près bredouilles : un petit porc bien maigre, un vieux hocco….

C'est le moment où le courage faiblit, où les plus endurcis deviennent d'abord indifférents, puis ensuite sympathiques à une idée de retour, — idée de désertion! — qui d'abord se glisse discrète et puis, parfois, parle tout haut.

En avant! et par des plaisanteries entremêlées de paroles de fermeté on se met à ébranler la colonne qui se remet à s'enfoncer dans l'inconnu sans trop retourner la tête en arrière....

La CACHOEIRA DO TAMANDUÁ qui, en ce moment, bruisse fortement sans être très forte, se passe en varejão en trois quarts d'heure.

La CACHOEIRA DAS ANTAS est ainsi appelée par mes hommes parce que nous y

Le Xingú à la Serra de Carimantiá.

tuons trois antas à la montée (et deux à la descente). La Cachoeira das Antas, appelée *Yaurú Bahá* en Juruna (chemin de l'*acara blanc*), est une des fortes cachoeiras du Alto Xingú.

Elle présente trois canaux : celui du centre, que nous prenons, est plus court, mais un peu à pic ; celui de la rive occidentale est le plus fort ; celui de la rive orientale est le meilleur quand il donne assez d'eau — toutefois ce dernier est un peu plus long que les deux autres.

Le « Canal du Centre » de la Cachoeira das Antas, entre deux îlots de pedrarias recouverts de maigres végétaux, n'a pas beaucoup plus de 4 à 6 mètres de longueur moyenne. Il présente deux brusques ressauts qui sont tout au plus des chutes, celui d'aval plus fort que celui d'amont, les deux donnant ensemble un dénivellement total de moins de 20 mètres. Un 3ᵉ travessão, en amont, est plus faible.

La CACHOEIRA DO UCHADÁ, un peu en amont de la Cachoeira das Antas, pourrait être considérée comme la continuation de celle-ci à laquelle elle est reliée par une suite de petits rapides.

A une petite distance au-dessus de la *Cachoeira do Uchadá* et des Morros do Uchadá, rive gauche, on arrive, même rive, à l'embouchure d'un grand

Canal de la « Cachoeira das Antas ».

igarapé, l'*Igarapé Grande das Ubás* qui est à peu près de l'importance du Fréchal. Les Jurunas allaient autrefois faire des ubás dans cet igarapé, les arbres pour cet office y étant nombreux. Étroit à l'embouchure, l'Igarapé Grande des Ubás s'élargirait sensiblement dans l'intérieur et viendrait probablement de la région des Campos du centre.

La Praia do Cacete, un peu en amont de l'Igarapé Grande das Ubás, doit son nom à un mystérieux casse-tête « Carajá « que nous y rencontrons planté dans le sable. Au-dessus de cette plage c'est un long *esturão* du Xingú qui vient, presque rectiligne, de la Cachoeira do Tucariri jusqu'à la Praia do Cacete, entre les Morros do Tucariri au nord et la Serra das Carrascas, au sud.

Cette Serra das *Carrascas* indique, dans la terminologie locale, des taillis rares, bas, plus maigres encore que les *catingas*. *Catinga* est frontière de campo, *Carrasca* est campo déjà, mais de mauvaise qualité. Par derrière la catinga, il y a presque toujours de bons campos, par derrière la carrasca, plus rarement. Les « carrascas » de la Serra das Carrascas s'étendraient, d'après les renseignements un peu vagues des Jurunas, jusque dans les régions centrales traversées par le Rio Fresco ; mais on ne sait ni si elles se transforment en campos de bonne qualité, ni si elles s'étendent sur les rives mêmes du Rio Fresco.

La CACHOEIRA DO TUCARIRI, rapide, presque à sec, ne présente maintenant d'autre obstacle que les pierres émergées qui gisent dans le courant et qu'il faut déplacer pour passer les eaux étant basses et près d'arriver au plus fort de l'étiage.

Au cours de l'été ce Xingú est véritablement terrible. Les pierres, les innombrables pierres de la rivière, chauffées dans la journée par un soleil de 45° transforment le Xingú en une rivière d'eau chaude. Et, la nuit, l'eau et les pierres se refroidissant avec une rapidité insolite, l'atmosphère a de brusques abaissements de température, auxquels les constitutions les mieux trempées ne sauraient résister. Aussi, dans une petite troupe, le registre des malades est-il toujours ouvert. Maintenant c'est Joaquim que la fièvre abat le plus complètement ; il passe ses journées entières la tête entourée de linges mouillés, geignant, et, par moments, quand la fièvre le prend, il claque des dents, et me demande, avec une voix moribonde, mon pardessus, des couvertures....

Et je travaille toute la journée debout dans mon igarité en marche, la tête dans le soleil équatorial, à faire de la géométrie et des dessins à travers des déserts que l'homme civilisé ignore encore, couchant dehors, sans pain, ni vin, ne parlant le plus souvent que des idiomes sauvages.... Et telle est ma destinée depuis quinze ans.

Moi, cela va bien, mais *elle*.... Elle a résisté longtemps, puis la fièvre l'a terrassée à son tour. Mais elle ne veut rien entendre ; elle continue même à faire, avec des allures de spectre, ses travaux photographiques. Quand la fièvre livre un assaut trop violent à sa volonté elle ferme les yeux et, entre ses dents serrées, dans un sifflement de la gorge, d'une voix qui halète, épuisée : « Allons à la Pedra Secca!… je me soignerai à Pará.… » — Pará, c'est loin!…

20. — Le matin nous avons, heureusement, une fraîcheur de bon aloi, une bonne fraîcheur sans humidité. C'est le climat d'en amont du Rio Fresco. Et, chose curieuse, cette terre semi-tempérée est plus riche en caouchouc que le Xingú équatorial. Du milieu de la rivière, de la rive, sur les pentes des col-

Maloca abandonnée (Alto Xingú).

lines et des montagnes qui bordent le Rio Fresco, c'est par centaines que, dans un court estirão, on peut compter les arbres à borracha.

Et parmi ces collines où abonde le caoutchouc, des petites campinas comme, par exemple, sur les plateaux des Morros do Fréchal.

Un peu en amont de ceux-ci le *Morro do Chinanahá*, rive gauche, m'évoque, par sa forme, un souvenir que je croyais mort depuis longtemps, celui de la Serra de Touaroude dans le Haut Rio Branco, — où je me promenai jadis, à une époque très lointaine… (c'était, je crois, en 1884.…) Singulière identité du moi humain qui, sous tous les vents d'heur ou de malheur, comme sous les cheveux noirs ou blanchis, se retrouve partout le même, — telle une même image dans une série de miroirs traversant l'espace et semblant défier le temps.

Les Jurunas, — ce sont sans doute quelques Jurunas vagabonds — les Jurunas, sur les deux rives, brûlent les campos dans l'intérieur. La fumée tombe en fine poussière grisâtre sur le bleu des serras. On sent l'odeur àcre de cette fumée de foin brûlé.

Nous passons, en varejão, la Cachoeira das Montanhas, formée d'un triple travessão entre les îlots et les rochers à un coude de la rivière. Sur chaque rive de petites montagnes, pressées, nombreuses, s'amoncellent comme pour fermer la rivière.

21. — Au lever le temps est toujours très frais, mais sans humidité : nous sommes bien ici dans la zone de transition qui rattache l'Équateur torride au Tropique tempéré par l'altitude.

La Cachoeira das Taperas, également dans un coude bordé d'une double ou triple rangée de hautes collines, la Cachoeira das Taperas est facile. Ce sont quelques rapides dans les araçazaes. Elle se compose de 9 travessões qui s'étendent de la *Cachoeira das Montanhas* à la *Cachoeira do Cameleão*. Elle doit son nom aux malocas abandonnées d'un des îlots d'aval.

Dans une de ces malocas abandonnées, celle de Turiá, à ce qu'on me dit, je fais collection de différents bibelots et ustensiles que les Jurunas, en déménageant, ont laissé là, non évidemment à l'intention du Musée Paraense.

La Cachoeira do Cameleão, la dernière avant la *Cachoeira Comprida*, se compose d'une douzaine de travessões de force médiocre, entre les îles, les pedrarias, et des rives montagneuses et bien boisées par delà lesquelles, paraît-il, s'étendent de vastes campos qu'aucun civilisé, toutefois, n'a encore visités.

Au milieu du parcours de la *Cachoeira do Cameleão*, par derrière une île de la rive gauche, on trouverait un grand igarapé avec beaucoup de cachoeiras, un pendant au Fréchal et à l'Igarapé Grande das Ubás.

Dans cette partie du Xingú qui va du Rio Fresco à la Cachoeira Comprida, l'aspect général du paysage se modifie déjà sensiblement. Les montagnes, de plus en plus nombreuses, qui longent les deux rives du Xingú, présentent des végétations de plus en plus maigres, rachitiques. La grande forêt a disparu : ce ne sont partout que des touffes maigres, aux tons roussis, qu'on

voit escaladant les hauteurs. Dans les gorges, sous le ciel bleu clair, ces végétations paraissent comme d'immenses amoncellements de toisons mal lavées.
Dans l'ombre bleuâtre de certains pics on dirait que la toison a été passée au
bleu de Prusse.

La rivière est sensiblement rétrécie. A cette hauteur, ou même bien plus au

Intérieur de maloca abandonnée (Alto Xingú).

sud encore, le Alto Tapajoz ou le São Manoel sont encore de si puissants
cours d'eau que le Xingú ne paraît plus être qu'un grand igarapé. C'est que le
Alto Xingú n'a que fort peu d'affluents de quelque importance et il suffit qu'il
arrive à se faire un canal profond pour que sa largeur, généralement dispro-
portionnée, se réduise aussitôt à des dimensions normales.

22. — En amont de la *Cachoeira do Cameleão*. La rivière a peu de profondeur, nous déplaçons les pierres pour passer et encore le fond de l'igarité
roule-t-il le pedral de la rivière. Puis, soudain, c'est quelque fosse profonde

qui ne donne pas prise au varejão. La fosse passée, un peu plus loin, il faut encore déplacer les pierres pour faire un chemin à l'igarité.

Ce sont sans doute des campos, de chaque côté, dans l'intérieur. Il nous vient d'abord, de la rive droite ou de la rive gauche, selon le vent, une odeur de fumée; puis, tout à coup, sans doute sous quelque violente poussée d'un vent soudainement levé, des flocons de fumée apparaisssent, provenant d'un incendie très lointain.

Midi. Toute brise est assoupie. Les fumées stagnent évidemment quelque part, là-bas, dans le mystère des campos inconnus. — 1 heure. Une buée solaire noie le Xingú et ses montagnes : on distingue mal dans ce scintillement poudreux. — 6 heures. Au soleil couchant, nouvelle buée, celle-là couleur rose-thé et d'une demi-transparence bizarre. L'étendue est pleine d'une fluidité aux tonalités étranges..., je n'ai jamais rien vu de semblable nulle part....

Seraient-ce point des « Carajás » qui brûleraient ces campos? Les hommes ne voulant pas dormir en terre ferme, nous accostons à une plage. ..

CHAPITRE V

La Praia do Frio ! car c'est bien le nom qui convient à la plage où nous avons dormi, par peur des Carajás. Les Carajás ne nous ont pas inquiétés, mais nous nous réveillons tous gelés ; à 5 heures du matin nous n'avons que 17°.

Aussi, dès 5 heures, tout le monde est-il debout, claquant des dents. Le feu du campement est éteint et n'a pas encore été rallumé. Chacun court de long en large pour essayer de se réchauffer.

En route ! Il fait plus froid ici que dans le Alto Tapajoz ou au São Manoel. Allons au-devant du soleil qui commence déjà à percer les buées du matin.

En face de nous est la bouche du Furo do Athiogó, un furo qui viendrait du haut de la *Cachoeira Comprida*, rive droite, en face de « Menhirs » indigènes qui ont été érigés rive gauche. Ce Furo, mal connu, sauverait de la plus grande partie de la Cachoeira Comprida.

La Cachoeira Comprida est la plus longue du Xingú. A la montée il faut compter 3 jours pour la passer. C'est une région de collines aux végétations maigres, avec des espaces dénudés, des espèces de plages au milieu des îlots, des rochers sablonneux ou nus qu'orne misérablement une flore des plus pauvres. L'aspect en paraît bizarre parce qu'il ne rappelle plus l'aspect général du Xingú. Les petits jacarés de 1 m. 5o, que l'on croirait familiers se procurent un peu de chaleur sur quelque bout de plage : la tête au vent, les voilà humant avec délices les doux rayons solaires dissipant la buée du matin.

Nous commençons la Cachoeira Comprida par le *Travessão dos Mutuns*, ainsi nommé par nos hommes parce que nous avons tué cinq hoccos dans la matinée avant d'y arriver.

Chaque soir je m'applique à reconnaître notre emplacement exact sur la carte de Steinen, autant que peut me le permettre la sobriété de détails du voyageur allemand. Mes hommes s'intéressent de plus en plus à notre marche « sur la carte », et maintenant c'est beaucoup moins le chemin parcouru qui les préocupe que les chemins à parcourir. Ils se penchent sur le document et, sans beaucoup de peine, commencent à comprendre à peu près. « Demain nous serons à tel endroit ». — Il ne nous reste plus que quinze jours... Plus que dix jours!... »

24. — Le temps est frais. De 6 à 8 heures un brouillard blanc s'élève et se dissipe par fumées, par bouffées, par flocons. Ce brouillard paraît froid, en tout cas s'il n'est pas froid, il doit être malsain.

La rivière est semée d'îlots rocheux, où parfois pousse une herbe rare et maigre.

Le *Travessão da Capivara* présente deux groupes de travessões, le groupe d'aval assez facile, le groupe d'amont beaucoup plus fort.

Dans un îlot en amont, je fais une nouvelle cueillette d'objets éthnographiques. Sous une douzaine d'ajoupas répartis en deux campements dans la forêt rabougrie de l'îlot, je récolte 22 objets de l'industrie Juruna, quelques-uns même artistiques : de la sculpture sur bois!

J'y rencontre même un « fer de lance » en pierre taillée, provenant, sans aucun doute, des régions centrales du sud. Une curiosité à propos de laquelle je ne m'astreindrai point à discuter les théories ayant cours au sujet de la probabilité ou de la non-probabilité de l'existence autochtone de la pierre taillée en Amérique. J'aime mieux me borner à donner la photographie du document.

Nous allons jusqu'au coucher du soleil. Nous passons toujours des travessões de la « Cachoeira Comprida ». Et la rivière est de plus en plus à sec, et il faut déplacer les pierres pour passer.

25. — La nuit a été mauvaise, il soufflait de la fièvre. Tous, nous nous sentions mal. « La malade » commence la journée dans un extraordinaire abattement. Jusqu'à 8 heures du matin nous avons tous froid.

Ces cachoeiras sont les plus mauvaises que j'aie vues de ma vie : elles n'ont pas d'eau, et elles sont l'une au-dessus de l'autre, composées chacune de plusieurs travessões. C'est interminable....

C'est la sensation agaçante d'une rivière à sec. On ne passe l'igarité qu'en déplaçant les pierres dans les courants. Des îlots de pierres banales avec peu ou point de végétation, des rochers de toute forme et de toute

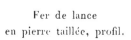

Fer de lance
en pierre taillée, face.

Fer de lance
en pierre taillée, profil.

dimension, le tout isolé ou en groupe, et cela est debout dans l'eau rare qui bruit ou qui bondit en castatelle ou en petit rapide, avec des espaces d'une rivière morte qui paraît croupir dans un cercle de pierres. Et pour passer on ôte les pierres une à une, on fait des brèches dans le barrage de roches. Ce n'est qu'un immense « pedral » où coule, vaguement, une sorte de rivière.

Le *Travessão do Portão*, ainsi nommé parce que sa chute la plus brusque se produit entre deux rochers en pilastres surmontés chacun d'un chapiteau de feuillage, le *Travessão do Portão* mesure 1 mètre de dénivellement brusque. Le passage ne s'opère pas sans de grandes difficultés.

Dans cette grande Cachoeira le climat redevient brûlant le jour, à cause des pedrarias, et glacé la nuit à cause des brusques dépressions de température. C'est un climat de rhumes et de fluxions de poitrine.

Ici, ce malheureux Xingú n'a que le pittoresque de la tristesse, de la laideur et de la pauvreté. Des eaux bruissantes faisant des cascades à travers

Les « Menhirs ».

des rochers couverts de végétations pauvres; des montagnes sur les rives et, derrière ces montagnes, d'autres montagnes; un ciel d'un gris de fumée laissant tomber une lumière poudreuse à travers une atmosphère surchauffée; la rivière fermée en amont, fermée en aval, toute faite d'écume entre des buissons et des rochers, sous un ciel de feu qui brûle sans haleine : c'est saisissant, mais cela serre le cœur....

Nous passons, les uns après les autres, tout l'ensemble de ces 21 travessões de de la Cachoeira Comprida. Mes deux bons canotiers, Hippolyte et Antonio, aidés des explications que je leur fournis d'après Steinen, s'arrangent à vaincre, les uns après les autres, tous les obstacles.

Et nous voici enfin aux derniers travessões d'amont de la Cachoeira, dans la région des « *Menhirs* ».

Ces étranges « *Menhirs* » ou « pierres levées » du Xingú, au nombre de huit, ont actuellement chacun de 1 m. à 1 m. 50 au-dessus des eaux moyennes de l'étiage; aux grosses eaux ils doivent être tous au fond. Ces étranges « Menhirs » empruntés évidemment aux pierres de la rivière, par qui ont-ils été dressés? Les Jurunas les disent très an-
ciens, remontant à une origine inconnue. Ce qui achève de prouver

le « voulu » de leur érection, c'est qu'ils se trouvent tous placés au milieu de carrés de pierres qu'on a apportées là, évidemment, tout exprès.

Un coin des « Menhirs ».

C'est presque en face de ces « Menhirs », sur l'autre rive, que se trouve, dans un vaste creux, enfoncement, golfe de la rivière, la bouche, la prise d'eau du Furo do Athiogó. Ce Furo, d'après les Jurunas, n'aurait pas de cachoeiras, mais manquerait un peu d'eau. Ce serait le chemin que les Jurunas prendraient l'hiver pour descendre avec leurs ubás.

26. — « La malade » a été plus malade cette nuit. Ce voyage a tant d'écœu-

rements ! Quand vous visiterez les provinces lointaines de cette magnifique
Amazonie, méfiez-vous surtout des prétentions de certains seringueiros que
je connais, d'une habileté d'Apache qui aurait été élevé chez un huissier;
prenez garde aussi à l'envahissement de leur métisse indienne! Voyagez
seuls!... ou avec de vrais Brésiliens d'une éducation et d'une culture moyennes.

Un « travessão » de la « Cachoeira dos Onze Travessões ».

Quand vous voyagerez dans le Pará... ayez, autant que vous le pourrez,
des Paraenses.

Il est sept heures. Le soleil est caché derrière le brouillard. Nous faisons
cercle autour du feu. Chacun se plaint de quelque maladie.

Au moment de repartir, on s'accroupit de plus près tout contre le bon feu
joyeux. Il fait froid.

Nous reprenons notre marche, tous bouche close. Triste commencement
de journée! Le soleil perce lentement le brouillard froid et glacé.

Nous passons un premier rapide dans l'opacité d'une brume blanchâtre tellement dense qu'on se voit à peine d'un bout de l'igarité à l'autre. Nous passons d'autres rapides. C'est une région morne et désolée de cachoeiras désertes où l'on ne remarque que des amoncellements de pedrarias avec des pierres pointues plantées comme des bornes à l'angle des courants.

27. — C'est encore le froid qui nous réveille dans le petit îlot où nous avons passé la nuit. La malade va plus mal, nous sommes tous un peu malades....

Poursuivant notre route dans cette terre triste comme l'exil, nous voyons

Autre travessão de la « Cachoeira dos Onze Travessões ».

des traces récentes de fils de la terre exilés : des boucans bien sommaires, parfois un ustensile de cuisine oublié. Ce sont des Jurunas à n'en pas douter. Où fuient-ils? pourquoi fuient-ils? Ils fuient la civilisation, qui ne s'est manifestée à eux que sous sa forme mercantile. Le *mercantilisme* n'est-il point autre chose qu'une fatalité de la civilisation ou bien en est-il un facteur? Et que penser du mercantilisme s'exerçant directement entre le plus fort et le plus faible, sans contrôle, sans mesure?... Le colon vaut mieux que le Banian ou le Mascate. Les pays où l'on commence à exploiter le travail des autres avant que de travailler soi-même ne s'assurent point ainsi de prospérité réelle. Le parasite vit sur un arbre, il tue l'arbrisseau. Alto Xingú,

déserts fertiles mais inconnus de l'Amazonie, ce n'est pas le « mercanti »
qui vous manque, hélas! c'est celui qui transformera la forêt en sillons....

Après la CACHOEIRA COMPRIDA où j'ai compté, comme nous la passions,
21 travessões, voici la CACHOEIRA DOS ONZE TRAVESSÕES.

Il faut, pour passer toute cette cachoeira, un jour de montée. C'est de l'eau
qui bruit et brille parmi un champ de rochers noirs et nus. Les 8 travessões
d'aval sont médiocres, les 3 d'amont peuvent presque être appelés cachoeiras.

Cachoeira dos Sete Travessões.

28. — 7 heures du matin. Encore cet insupportable brouillard si dru,
si compact. Et cela dure jusqu'à huit heures et demie. A dix mètres devant
soi on ne voit absolument rien. On dirait un de ces brouillards du golfe
de Gascogne, quand on entend la sirène des vapeurs en péril....

Quand le soleil se lève, nous découvrons quelques plages de sable et
encore des boucans d'Indiens fuyards.

29. — Nous nous réveillons tous dans un état déplorable. Le paludisme
nous tient tous; mais d'où vient-il, ce paludisme, dans cette région saine
du Alto Xingú? Il nous vient d'en bas....

Toutefois, rien de grave; pour ce qui est de moi, je ne mange plus, mais
je puis travailler tout de même. Il suffirait, je crois, d'un régime confortable

pour ne pas avoir de fièvres, mais nous sommes bien loin d'un régime confortable!... La plus malade c'est *elle*, si vaillante jadis....

Nous voici à la Cachoeira do Pedral Grande, un de ces amoncellements de pierres et de rochers si caractéristiques du Xingú. Quand on est au milieu de cette cachoeira on ne voit, dans tous les sens, partout et à perte

Le « Cirque de pierres ».

de vue, que des rochers ayant jusqu'à 5 et 6 mètres de hauteur, épars dans le lit de la rivière. La cachoeira se précipite à travers le vaste champ de rochers en formant 3 rapides successifs assez violents, d'un dénivellement total de 2 mètres environ.

Sur les rochers où nous passons pour alléger le canot, nous rencontrons des vestiges de ces malheureux Jurunas errants de ce Alto Xingú : quelques pauvres verroteries oubliées sur la pierre, un pantalon hors d'usage, des guenilles dont la destination première est un mystère....

A la Cachoeira dos Sete Travessões, où Steinen chavira avec ses ubás, nous sommes obligés, pour passer, de tirer la moitié de notre charge, après quoi nous passons sans encombre.

La Cachoeira do Bananal n'a qu'un seul travessão, mais il est fort. On le passe, toutefois, sans alléger.

Un coin du « Cirque de pierres ».

3I. — Nous couchons au-dessus du « Cirque de Pierres », une des plus curieuses agglomérations de rochers que l'on puisse voir au Xingú.

La nuit; il souffle un vent d'est assez froid qui doit provenir des campos des régions centrales. La malade grelotte et geint toute la nuit, les implacables *sezões*[1] ne la quittent plus.

1ᵉʳ *septembre*. — Le caoutchouc est toujours abondant sur les rives, bien que celles-ci s'élèvent de plus en plus en hautes collines formant des chaînes continues.

1. *Sezões* : fièvres à caractère palustre, généralement pas dangereuses, mais tenaces.

Nous allons, passant quelques rapides, longeant des îles encore assez grandes, contemplant les fortes collines de la rive droite. Nous sommes à moitié somnolents : le bleu de la rivière et du ciel, l'or de la lumière chaude nous tiennent à moitié endormis et comme bercés.

Un autre coin du « Cirque de pierres ».

Tout à coup... mais combien est éloquente cette voix dans le désert! tout à coup c'est un chien qui aboie sur une plage voisine! Quelle est ta nationalité, fidèle compagnon de l'homme? es-tu Carajá, es-tu Juruna? es-tu bravo, es-tu manso?

Le chien est manso, il est Juruna, c'est un des serviteurs de Joaquim Pena, le pauvre « *Roi en exil* » du Alto Xingú.

C'est du moins ce qu'apprennent aux Indiens de ma suite deux vieilles femmes laissées là pour garder le chien, — à moins que ce ne soit le chien qui ait été laissé pour garder les vieilles.

Ces courageuses créatures ne se sont pas enfuies à notre approche. Les

Joaquim Pena et sa famille.

pauvres vieilles se rendaient bien compte qu'elles n'avaient rien à redouter de nos entreprises.

Les vieilles poussent des cris d'appel du côté de la forêt et bientôt, manœuvrant une petite ubá, Joaquim Pena se montre à nous, en personne.

Ce tuxáua légendaire est un civilisé. Il a même des allures qui sentent leur gentilhomme. Il s'exprime avec aisance dans un portugais facile et clair. Joaquim Pena est vêtu de guenilles qu'il embellit en les portant.

« Je suis actuellement en changement de domicile, me dit-il. Par suite
je suis démuni de tout. J'aurais bien voulu vous donner de la farine
mais... n'en auriez-vous pas plutôt à me vendre?... Ces messieurs d'en bas
m'ont forcé à chercher ma liberté jusqu'ici. Ils ne viennent pas, ils ne se
proposent pas de venir?

— Non, la Cachoeira Comprida les effraie.

Serra do Aribarú.

— Que pourrais-je bien vous offrir, monsieur? Nous ne nous nourrissons
ici, ma famille et moi, que des fruits de la forêt, car le manioc de nos
roças n'est pas encore à maturité. Notre destinée est d'être toujours en fuite.
Autrefois nous fuyions les Indiens bravos et maintenant les civilisés, nos
chers protecteurs. Mais bientôt ces messieurs n'auront plus à protéger
personne d'entre nous : le dernier des Jurunas ne tardera pas à emporter
pour jamais l'âme de la race dans quelque trou peu profond, sous quelques
poignées de terre natale.

— Viens-t'en avec moi jusqu'à la Pedra Secca, mon vieux philosophe, au moins comme cela, toi et tes femmes, mangerez-vous de la farine pendant quelques jours.

— Mais ceux d'en bas ne vont point nous poursuivre?

— Ils ne tenteront point semblable aventure. »

Toutefois, il faut que je lui montre que j'ai des rifles pour nous défendre et que je lui promette de le laisser, quand nous redescendrons, lui et sa famille, au port de certaine roça qu'il a, dans l'intérieur, — « mais si bien cachée qu'ILS ne pourront jamais la découvrir!... »

Entrée de l' « Estirão da Pedra Secca ».

Quel est donc le philosophe qui prétend que c'est le commerce qui a adouci et policé les mœurs? Pourquoi pas la traite des nègres!

2. — Nous allons, ma troupe accrue de celle de Joaquim Pena. La matinée est presque froide : chaque matin la fraîcheur s'accentue.

Nous sommes toujours dans les courants, hier soir nous avons passé la petite CACHOEIRA DA UBÁ, aujourd'hui nous passons celle, plus forte, du CHIBIAO.

Les campos qui existent dans cette partie supérieure du Xingú se devinent à maint indice sur les rives mais ne se voient pas. Toutefois, par les nuits claires, on voit à cette époque de l'année de grandes fumées s'élever derrière les deux rives dans les lointains de l'intérieur. Et parfois une odeur de foin brûlé nous est apportée par le vent. Ce témoignage matériel corrobore l'assertion des Jurunas qui assurent que, dans cette région, d'immenses campos s'étendent à de petites distances en retrait des rives.

Voici, rive droite, une des « caruaras » des Jurunas, la Serra do Aribarú, grosse masse rocheuse dénudée à son sommet.

Nous couchons, ce soir, à l'entrée de l'*Estirão da Pedra Secca* : Quatre

La « Pedra Secca ».

petites îles et un pedral, le tout faisant E.-O. comme l'ensemble de l'estirão. De nombreux arbres à caoutchouc accompagnent toujours sur les rives; il paraît qu'on en trouve encore bien loin de la Pedra Secca, jusque dans les formateurs supérieurs du Xingú, au cœur de Matto Grosso.

Nous arrivons. Et c'est par ici, un peu avant d'arriver à la Pedra Secca que le Xingú commence à devenir une rivière à peu près praticable et vraiment belle. Peu de cachoeiras, de pedrarias ou de saranzaes, de fortes serras sur les rives, et, par derrière, des « campos », et enfin un climat qui n'est véritablement pas mauvais. Cette région frontière présentera l'avantage d'être recherchée par la colonisation soit Paraense soit Matto Grossense. Mais quand?

3. — La Cachoeira da Pedra Secca à laquelle nous arrivons ce matin

Pedra Secca, rive droite.

à 9 h. 1/2 est connue en Juruna sous le nom de *Pipidá* : les piaulements. Steinen ne nous dit pas comment les Suyás la nomment. Ce nom de *Pipidá* aurait été donné par onomatopée ou imitation du cri des patos[1] et des mergulhões[2] qui, l'hiver, viennent se poser là par bandes innombrables.

Le canal de la Cachoeira est très profond, il ne donne pas prise au varejão, même au cœur de l'été. Il est rive droite, resserré entre des pedrarias. On ne

1. Pato : canard.
2. Mergulhão : plongeur.

remonte ce canal, même maintenant, qu'au câble, et pourtant le dénivellement total n'est pas actuellement de plus de un mètre. Il paraît que,
l'hiver, les eaux gonflées de la Cachoeira da Pedra Secca deviennent d'une
telle violence et font au bas du canal un « rebojo » tellement dangereux,
que personne, alors, ne se hasarde à l'affronter. En résumé, faible l'été, forte

En aval de la Pedra Secca.

l'hiver, la Cachoeira da Pedra Secca n'est jamais une grande cachoeira,
mais elle est une *cachoeira d'hiver violente et périlleuse.*

En ce moment, la Cachoeira da Pedra Secca, vue sous certain angle,
présente l'aspect d'une carrière de pierres abandonnée. Partout d'immenses
pierres, nues, sans végétation aucune, sauf pourtant la « pedra » proprement
dite qui présente, à son extrémité aval, deux pieds de palmiers tucum
rabougris et rachitiques.

La « Pedra » qui a donné son nom à la Cachoeira est accostée aux

« pedrarias » de rive gauche. Elle mesure une trentaine de mètres de longueur sur environ 4 à 5 mètres au-dessus des eaux d'été et peut-être 2 mètres
au-dessus des eaux d'hiver. La largeur, qui est de 5 mètres environ du
côté de la rive gauche s'amincit et va finissant en pointe du côté de la rive
droite. L'orientation de la « Pedra » est sensiblement perpendiculaire
à la direction de l'estirão : elle fait Nord-Sud; la pointe vers le Nord, la base
vers le Sud. La latitude de la « Pedra » est de 8° 38′ N., et la longitude de
55° 5′ O. Paris.

Nous trouvons sur la « Pedra » des débris de poterie en guise d'ex-voto.
Je fais ajouter à ce don gracieux de quelque bienfaiteur anonyme voulant
se concilier la *Carnara* (car la Pedra Secca est une vraie pierre sacrée, elle
aussi, un vrai temple primitif de la peuplade déjà presque morte mais toujours
primitive de ces pauvres Jurunas), je fais ajouter à ces poteries cassées un
cadeau de fanatique ou de prince de la finance!... Quarante-cinq kilos
de perles, ni plus ni moins! C'est le reste d'un stock que je traînais avec moi
depuis plusieurs années pour de vrais Indiens, vraiment de plus en plus
difficiles à rencontrer, puisqu'ils sont pris maintenant partout par la civilisation ou par la mort.

Les rares Jurunas qui errent par là, oubliant leur dignité d'Indiens vêtus de
guenilles, vont-ils s'approprier ces bijoux, déposés, évidemment dans une
intention mystérieuse, au sommet de la pierre au sud de laquelle brûlent,
maintenant même, à quelques kilomètres au centre des campos de la rive sud,
de grands feux évidemment allumés par les Carajás-Suyás?...

Je laisse là ce stock en témoignage d'une foi que j'ai eue et que je n'ai plus.
C'est pour attester que j'ai cru à la possibilité de l'utilisation des Indiens.
C'était peut-être possible il y a encore assez peu de temps. Quand j'ai cru à
cette possibilité elle commençait à n'exister déjà plus.

Ce stock de perles c'est un stock d'illusions que je laisse, rituellement, sur
la Pierre Sèche des Carajás.

Je sais à qui elles profiteront, mes perles. Elles seront vendues très cher dans
le Bas Xingú aux derniers survivants des Jurunas et des Penas.... Elles seront
vendues par tel petit mercanti avisé qui demeurera bien convaincu que je n'ai
jamais rien su ni deviné à ce sujet.

Le Banian, le Mascate s'asseyent sur les trous funéraires des Indiens récemment morts, morts pour ou par eux. Ils ricanent.

Eh bien! je fais le vœu de retourner à la Pedra Secca et d'y déposer dix fois la même quantité de perles, quand, dans cette Amazonie encore inutilisée, l'humble travailleur viendra qui, beau premier, songera à faire des sillons pour lui et un pâturage pour ses bêtes.

Temps lointains! Pour ce qui est d'aujourd'hui, Pedra Secca est, pour le peuple du Bas Xingú, — personne de ces gens-là ne l'a vue, — le grand termi-

En aval de la Pedra Secca.

nus, une espèce de *borne* légendaire, un *point final* que non seulement on ne passe pas, mais encore qu'il est bien difficile d'entrevoir autrement qu'en rêve. Les plus malins ajoutent : « Est-on bien sûr que cela existe? » Pour ces gens-là la vie a pour limites l'*aviador*, qui fournit des marchandises, et le *freguez* à qui on en vend. Ils apprendront peut-être un jour que la terre est faite pour autre chose que pour fournir, épars dans les forêts vierges, quelques arbres à caoutchouc. Au Tapajoz leurs congénères le savent déjà et ils n'en sont pour cela ni plus pauvres ni moins honorables. Il s'en faut.

Mais tout est mort maintenant par ici. Autrefois, assez récemment, d'après une tradition qui paraît digne de foi, les Jurunas, mansos, et les Botocudos-Suyás, — *vulgo* Carajás, — allaient échanger à la Pedra Secca, les premiers des ferrages, les seconds des arcs, des flèches, des oiseaux apprivoisés. On y allait avec prudence : les Carajás passaient à gué le canal des pedrarias de rive gauche ; les Jurunas arrivaient rive droite de la pierre avec leurs canots. On échangeait, le casse-tête en main. Et souvent les bons Carajás allaient assaillir les Jurunas dans leur voyage de retour.

Aujourd'hui tout cela a un peu changé. Pas autant, toutefois, qu'on pourrait le croire. Il y a trop de rifles dans ce Xingú et pas assez de haches, de pioches et de bêches.

CHAPITRE VI

3 septembre, 3 heures du soir. — Retour !

Je suis donc allé jusqu'à la Pedra Secca.

La maladie ne m'a pas obligé de retourner à moitié route.

L'igarité du Raymundo ne s'est pas encore crevée. (Il est vrai que mon garçon de confiance, Hippolyte, y veille avec un soin particulier.)

Comme nous n'avons pas rencontré d'Indiens, l'igarité remporte toutes les malles de marchandises que mon doucereux passager avait emportées sans m'en rien dire. Et, l'igarité se trouvant intacte, il n'y a pas moyen d'essayer de me la passer, — dans les prix doux.

Il fait longue mine, le pauvre cher homme ! Dernier, beau dernier que je subisse, de ces officieux aigrefins dont j'ai déjà eu tant à pâtir !

12

Mon bonhomme, je suis maintenant trop vieil amazonien pour donner tête basse dans certains panneaux. Mais ceci est pour les futurs collègues en explorations amazoniennes : — « Achetez une igarité, ayez un équipage à vous, bien à vous et rien qu'à vous, et n'acceptez jamais qui que ce soit vous sollicitant un passage : votre hôte vous demanderait, voyage fini, de LUI PAYER, *très cher*, tous les ennuis qu'il vous a causés. »

C'est comme partout : le peuple est bon, les classes intellectuelles sont sympathiques, beaucoup d'intermédiaires tiennent à la fois de l'Apache et du pédant.

Nous revenons à notre campement de l'îlot à l'ouverture de l'Estirão de la Pedra Secca.

Sensation de voyage terminé : quelque chose que je n'essaierai pas de préciser avec exactitude ni même de définir vaguement, — il semble que ce que l'on vient de faire, ce n'est rien ; qu'on aurait bien dû faire encore tel et tel travail ; que tous nos efforts restent bien en deçà de nos espérances ; mais que, pourtant, au prochain voyage, on fera toujours un peu mieux sur tel ou tel point déterminé.

Ce soir, après ce qui nous tient lieu de dîner, la rive gauche s'allume jusque dans les lointains du sud. Le campo flamboie. De 8 à 10 heures tout l'horizon n'est qu'une fournaise agitée par le vent. Est-ce un feu d'appel des « Carajás » qui nous auraient, cachés dans la forêt de la rive, vus déposer nos perles sur la Pedra Secca et demanderaient ainsi à entrer en relations avec nous ? Nous tirons, dans le silence pesant d'une nuit un peu chargée d'orage, des salves de rifles pour témoigner de nos intentions pacifiques ; — (si nous avions des intentions belliqueuses nous ne ferions pas parade de notre mousqueterie....)

Peut-être, la nuit prochaine, nos voisins les Carajás vont-ils rapprocher leur feu qui est bien maintenant à 4 ou 5 kilomètres d'ici.

4 septembre. — Réveil dans un crépuscule limpide. La fumée des feux Carajás s'est dissipée. Je n'ai rêvé ni de Carajás ni de rien.

Toujours au campement de l'îlot en bas de la Pedra Secca ; nous mettons notre levé et nos écritures à jour, elle et moi. On fait aussi un peu de cuisine photographique ; puis, nous attendons nos hommes qui chassent à Aribarú.

Sur les midi les hommes rentrent bredouilles, ou à peu près : Antonio a tué un tigre rouge, — ce qui ne vaut pas un hocco ; — car le hocco est comestible....

La nuit tombe. Ce soir, pas de feux de Carajás. Notre feu de peloton d'hier

Trois de notre troupe.

soir aurait-il causé des inquiétudes à nos mystérieux voisins ? Mon zèle de reporter ne va pas jusqu'à aller interroger les Carajás à ce sujet. Ce serait d'ailleurs en pure perte : il ne se laisseraient point atteindre et au cas où nous les surprendrions, à moins que ce ne soit eux qui nous surprennent, l'explication n'aurait évidemment pour truchements que des rifles et des casse-tête. D'ailleurs mes hommes me suivraient-ils? Je crois toutefois que oui, — n'était parmi eux mon officieux « *cortejo* » de Curupaity.

D'ailleurs pourquoi chercher une frontière du côté des malocas des Indiens bravos qui habitent en amont de la Pedra Secca? Salto Augusto est par 8°52 de latitude sud, la Cachoeira das Sete Quédas par 8° 49, la Cachoeira da Pedra Secca par 8° 38, — ce n'est pas parce que la frontière, au Xingú, passerait à un peu moins de 26 kilomètres au nord de son point de départ au Alto Tapajoz que Pará pourrait se trouver lésé.

Que faut-il de plus? Elle convient comme LIMITE D'APRÈS LE PEUPLEMENT : du côté du nord le peuplement par les Paraenses s'arrête bien en aval de la Pedra Secca, du côté du sud le peuplement par les Matto Grossenses s'arrête bien en amont.

Elle convient en tant que LIMITE ETHNOGRAPHIQUE, c'est la frontière historique et même actuelle des *Jurunás* et des *Botocudos-Suyás*, les premiers mansos comme à peu près toutes les tribus Paraenses, les seconds bravos comme les Tapanhunas et les Nambienares au Alto Tapajoz et comme nombre de tribus de Matto Grosso.

C'est une LIMITE CLIMATOLOGIQUE. Pour peu sensible que soit la transition entre la région équatoriale proprement dite et la région tropicale, cette transition n'en existe pas moins. Les 8°38′ de Pedra Secca de même que les 8°52 de Salto Augusto ne constituent pas en soi, il est vrai, un écartement de l'Equateur assez considérable pour modifier sensiblement le climat, mais les 450 mètres d'altitude de Salto Augusto et les 240 mètres de la Cachoeira da Pedra Secca abaissant, en plus des conditions générales, la moyenne de la température de 3 à 5 degrés environ, on a bien, sur la ligne Salto Augusto-Cachoeira das Sete Quédas-Pedra Secca une transition suffisamment établie entre le climat amazonien uniformément chaud et humide, et le climat du Plateau central brésilien, plus sec et présentant de plus grands écarts de température.

Quant à la VISIBILITÉ DU POINT FRONTIÈRE, il est certain que si la Cachoeira da Pedra Secca n'est pas, dans l'espèce, une des plus rares curiosités de l'Amazonie, cette grande roche de plus de 4 mètres de hauteur sur plus de 30 de longueur, toujours émergée, et l'été, dominant un extraordinaire *pedral*[1], cette *pedra*, ce *pedral*, cette *cachoeira* sont choses assez singulières pour que jamais plus ne les oublie quiconque les a vues seulement une fois.

Sur ce, tournons le dos à Matto Grosso, et, à travers tout ce Grand Sud-Paraense que draine le Xingú allons chercher la Reine de l'Amazone, la riche, salubre et hospitalière Pará.

5 septembre. — Nous tournons le dos à la Pedra Secca. C'est le matin, il fait frais. Le ciel est plein d'une buée grise, âpre, qui paraît plutôt sèche qu'humide. Il semble qu'il y ait de la poussière flottant dans l'air, un peu lourd bien que vif. Aribarú, à notre droite, dresse sa muraille à pic, noire avec une tache blanche au flanc : sans doute quelque roche micacée.

Des tons jaunes de floraisons basses tranchent, rive gauche, sur le vert roussi et métallique des feuillages.

L'opacité de la brume passe du bleu vague au jaune clair. A l'orient, des coins de ciel s'entr'ouvrent, révélant des rayons solaires que l'on ne sent ni ne voit encore. La Serra de la rive gauche, avec ses deux pics aigus esquissant un immense coléoptère, s'estompe dans le ciel brouillé. La rivière se déroule, vague et lente, devant nous, semée, dans les lointains encore mal perceptibles de l'aval, de rochers qui paraissent de grandes embarcations à l'ancre.

7 heures du matin. — Le paysage devient d'un bleu bizarre, azur au ciel, foncé sur les serras; et l'eau de la rivière paraît plus bleuâtre que verdâtre. Une brise douce, faible et tiède ride mollement la surface de l'eau. Les pagayes, en cadence, résonnent au sein du silence recueilli de ce paysage d'artiste japonais, bleu sur la terre, bleu dans le ciel et rempli d'une épaisse lumière bleue.

La rivière n'a pas beaucoup plus de 1 mètre d'eau, sa transparence nous laisse voir des mouchetages de pierres lisses et noires semées de traînées de sable blanc.

8 heures. — La pluie tombe devant nous dans un ciel devenu rouge orangé et couleur d'incendie sous le bleu plus intense du zénith. Il tonne dans ces profondeurs béantes et vagues. Derrière nous le soleil monte, radieux, dans le ciel libre de nuages et de vapeurs.

---

1. *Pedral* : lieu plein de pierres.

Dans les courants il semble que nous passions une revue de montagnes qui seraient venues là, empressées, se mettre en rang sur nos pas. Elles se succèdent avec leurs végétations rares et rousses, avec des taches noires ou blanches qui sont des rochers, avec des aspects de toisons blanchâtres, brûlées, noircies ou roussies par endroits.

Des lignes blanches au pied des montagnes : ce sont des plages aux tons plus jaunes ou plus clairs selon les jeux de lumière.

10 heures. — Temps gris, fraîcheur vive. La demi-obscurité froide se continue jusqu'à onze heures. De onze heures à midi, orage : tonnerre, vent et pluie dans le levant.

Nous descendons, d'ailleurs sans difficulté aucune, la Cachoeira do Chibião, ainsi nommée d'un certain Chibião, juruna, maintenant on ne sait où, qui fit naguère une roça en face d'un travessão d'aval.

Rive droite, du côté de l'orage, le ciel est lie de vin sous de hauts nuages de pluie qui commencent à se tasser et à se résoudre. La lumière est livide et les tons du ciel sont si étranges, mêlant l'or, la suie, la bile et l'azur, que je me surprends à me demander si je ne rêve pas.

L'eau, couleur de plomb, se frange d'écume blanche sous le vert du ciel devenu subitement noir. De rapides haleines de vent froid courant de l'eau lourde au ciel bas. C'est comme un coin sinistre d'infini frissonnant à on ne sait quelle appréhension d'Apocalypse. De rapides coups de tonnerre, des éclairs d'une lividité verdâtre ou jaunâtre secouent, déchirent et illuminent l'inexprimable horreur grandiose de cet invraisemblable ciel.

Puis, après la tourmente, l'accalmie. La nature paraît comme fatiguée de son effort. Le silence se fait très profond. Des fumées de toutes couleurs s'élèvent partout sur les montagnes comme du corps d'un animal haletant après un travail excessif. Et la soirée est belle, douce, tiède, comme les beaux soirs d'automne au doux pays natal.

Nous descendons lentement. Dans les estirões libres la rivière ne court pas : on ne va pas beaucoup plus vite à la pagaye en descendant qu'au varejão en montant.

Dimanche 6. 6 heures du matin. — Nous sommes dans la brume, le temps est froid. Le brouillard s'épaissit, jusqu'à dix heures il tombe, il tombe froid et triste comme un brouillard d'hiver. Nous sommes obligés d'aller lentement : le brouillard nous empêche de voir les pierres à fleur d'eau.

La brume, poussée par une forte brise, rase les eaux dans une poussée rapide, mais nulle part elle ne se dissipe. Nous allons au milieu de cette fumée en mouvement qui nous cingle le visage et se dépose sur nos vêtements en rosée glaciale. Autour de nous l'eau de la rivière clapote, fouettée par endroits en soubresauts de tempête.

Le brouillard et le froid se dissipent, les rives apparaissent, et, dans l'intérieur, les montagnes; on commence à entendre quelques cris d'oiseaux; les premiers rayons du soleil, — encore aussi frileux que ceux de notre soleil de mars en France, — me font entr'ouvrir peu à peu mon vêtement d'hiver. Il est dix heures, la nature achève de se réveiller, des volées d'aras babillards traversent le ciel éclairci. L'équipage, alourdi, qui machinalement pagayait silencieux, commence à s'entretenir avec quelque gaieté : ce sont les approches du soleil, — et du déjeuner.

Dans la soirée, nouvel orage. Il voyage à notre droite, il se rapproche. Le susurrement de la pluie dans les forêts orientales nous donne l'illusion de bruits de cachoeiras et parfois des grondements de la mer furieuse. Le soleil s'étire en immenses rayons qui tombent jaunes et pâles sur l'horizon brouillé et noyé de pluie. L'averse est fouettée avec fureur par un vent d'ouragan. On entend comme des plaintes dans la forêt violentée sans répit par le vent furieux. Puis peu à peu, le vent s'apaise, les rumeurs de la tempête s'effacent, on n'entend plus que la pluie qui tombe, qui tombe comme elle devait tomber à l'époque du déluge.

7. — Matinée chaude, température accablante dès 9 heures du matin. L'air respirable fait défaut. Des orages nous assiègent de tous les côtés.

Journée fatigante, presque douloureuse; on respire avec difficulté. Toutefois, à la tombée de la nuit il s'élève un vent frais, puis de suite, et jusqu'à 10 heures du soir, une pluie qui tombe, glacée, dans l'eau chaude de la rivière.

8. — On compare les sensations de la rivière en descendant et en montant. En descendant, le rectiligne des directions apparaît mieux, et, sur la vaste surface unie du flot tranquille de la rivière, le hérissement des roches qui des-

siǹent des aspérités noires et sans ordre dans la coulée droite, lisse et bleue de ce grand miroir des eaux reflétant maintenant un ciel maussade. Dans certains estirões l'eau paraît absolument immobile : des feuilles, des brindilles, des flocons d'écume que l'on rencontre d'aventure, restent là fixes dans le courant presque nul et semblent attendre, pour se mouvoir, que le vent les agite. L'immobilité de ce cours d'eau en marche paraît plus complète encore que celle des nuages de cette atmosphère pesante, qui pourtant ne paraît pas remuer beaucoup plus qu'un décor de théâtre. L'azur de ce ciel sans air et l'azur de ce flot sans mouvement se fondent dans un paysage qui paraît appartenir moins à la réalité qu'à la fantaisie. Et parfois, las ou mélancoliques, s'abandonnant à quelque paresse ou à quelque songe, les hommes s'arrêtent de pagayer, ils se taisent, et le canot glisse en silence, et l'on va, comme des fantômes, dans un rêve, quand tout à coup, plus bas, on perçoit un bruit d'abord faible mais déjà distinct et qui va grandissant : le bruit d'une cachoeira en aval. Soudaine et brutale sensation de la vie se révélant par la menace d'un danger tout proche et qu'il ne faudra pas songer à éviter.

Les plages sont maintenant encore plus complètement sorties de l'eau. Elles miroitent au soleil, mais les hommes ne voient, dans leur scintillement doré, que les trésors d'œufs de tracajás que recèle la profondeur des sables.

Nous passons la Cachoeira dos Sete Travessões presque sans nous en apercevoir ; à la descente elle nous paraît faible. De même pour la Cachoeira dos onze Travessões.

9. — Brouillard. La brume tombe d'abord moins épaisse et moins froide, puis s'épaissit. Un froid humide envahit tout. Il ferait bon dans sa robe de chambre, au coin de son feu.

Nous commençons à descendre la Cachoeira Comprida. Il me semble que lorsque le Xingú sera plus pratiqué, ses cachoeiras, mieux connues, paraîtront, en somme, assez faciles. Pourtant celle-ci serait, d'après les Jurunás, extrêmement périlleuse. Plus d'une ubá juruna est restée, paraît-il, dans tel ou tel remous de ses 21 travessões successifs....

Bien que nous connaissions déjà la Cachoeira pour l'avoir passée une fois, il nous arrive d'y échouer à plusieurs reprises : il n'y a plus assez d'eau pour notre petite igarité.

Une ubá carajá est échouée rive droite du canal que nous prenons pour descendre. D'où vient-elle? Du Rio Fresco, disent les Jurunas. Pour eux ce serait le Rio Fresco qui serait le véritable chemin des « Carajás », beaucoup plus encore que le Alto Xingú.

Un des coins les plus curieux de la Cachoeira Comprida est sûrement celui des *Menhirs*. Je m'y arrête à nouveau, essayant d'obtenir quelques renseignements complémentaires de la part de mes Jurunas. Ces *menhirs*, plantés dans des plates-bandes de pierres rangées, étranges témoins du passé d'une race qui croyait sans doute à sa durée, qui me dira leur secret? Voilà-t-il pas maintenant que Chimbi, évidemment stylé, essaye de me dire que ce travail est l'œuvre, ici de Joaquim Pena, là de tel autre Juruna actuel. Un moment après il avoue, de lui-même, qu'il m'avait menti par ordre. Peste soit des *ciceroni*, même quand ils seraient intelligents et honnêtes !

2 heures. — Laissant derrière nous les mystérieux menhirs, nous continuons de dévaler la CACHOEIRA COMPRIDA.

Le ciel est noir et brumeux partout, il semble qu'il soit déjà nuit. Il fait humide et froid. Il tombe une pluie très fine qui ne veut pas cesser.

Nous passons les uns après les autres tous ces travessões, que nous avons mis près de trois jours à monter. Nous passons partout par les grandes pancadas des travessões, car avec Hippolyte et Antonio, mes deux excellents canotiers, je me risquerais dans n'importe quel tourbillon. Raymundo Paula Marques ayant trouvé une ubá abandonnée à la cachoeira qui porte maintenant le même nom, « Cachoeira da Ubá », le Raymundo m'a enlevé son négrillon Cabrinho pour l'aider à descendre sa conquête jusqu'à Curupaity. Allégée de ces deux personnages, notre igarité, devenue rapide et joyeuse, se lance à travers les cachoeiras que nous passons partout au plus fort de la chute et avec un succès constant. Toutefois, dans quelques-uns de ces passages, nous faisons parfois des sauts véritablement extraordinaires. Cette Cachoeira Comprida, l'hiver est, à n'en pas douter, une des plus impétueuses et des plus périlleuses du Xingú. En tout temps c'est la plus forte qui soit de Alta Mira à la Pedra Secca, celle qui présente le plus fort dénivellement et qui offre le plus de difficultés.

10. — Nous sommes déjà loin de la Cachoeira Comprida. Nous allons par

« une triste matinée d'hiver ». Il tombe un brouillard froid, épais, pesant. On voudrait bien ne pas respirer ces « brumes du Nord », puantes par endroits, mais comment faire?

La grande « Praia do Frio » est sortie plus grande encore et plus haute au-dessus de l'eau. Elle nous apparaît de loin au pied d'un paysage de montagnes. Elle s'étend sur plusieurs kilomètres de longueur, plus jaune encore à cause de la limpidité d'azur du ciel d'aujourd'hui et du vert plus intense des feuillages rajeunis par les premières pluies. Nous longeons la « Praia do Frio », descendant à la vara, par moins de un mètre d'eau, une eau d'un orangé clair, — ou plutôt qui paraît telle, — une eau limpide, transparente et qui clapote maintenant sous une brise fraîche et gaie.

12. — Les brumes du matin, si fréquentes en amont du confluent du Rio Fresco sont beaucoup plus rares en aval. Nous avons maintenant des matinées limpides, transparentes.

Après la CACHOEIRA DAS MONTANHAS, comme nous arrivons à la CACHOEIRA DO TUCARIRI, la surface unie de la rivière reflète le soleil avec des éclats de miroir gigantesque. Dans l'estirão ouest-est que nous suivons et comme nous passons la Cachoeira, ces reflets aveuglants, qui nous empêchent de bien voir notre chemin, nous exposent à tous les périls d'une navigation les yeux fermés.

En aval des Morros do Uchadá (ou Inajá), forte chaîne qui paraît avoir de puissants contreforts dans l'intérieur, nous prenons la CACHOEIRA DAS ANTAS. Le grand canal est presque à sec, c'est par le petit canal que nous passons, canal qui n'a guère plus de 3 à 4 mètres de largeur moyenne.

Juste à la sortie de la Cachoeira, — celle-ci veut bien nous faire confirmer son baptême sanglant —, nous tuons un autre tapir[1]. Nous avions déjà un veado[2] et un porc, ce qui nous représente une journée de près de 150 kilos de viande utile.

Antas, cerfs, porcs! délices de nos canotiers! mais qu'importe à nous deux, à nos pauvres estomacs européens maintenant si délabrés, toute cette lourde et indigeste venaison! Et dans l'îlot où nous arrêtons pour procéder, avant la nuit, à l'indispensable dépeçage, nous nous réfugions loin des tas de viande

1. Tapir : *anta.*
2. *Veado* : cerf.

et, ce n'est point fanatisme de légumiste, c'est anémie — nous nous en allons, au vent du charnier, respirer l'odeur exquise des araças en fleur.

14. — Nous repartons, toujours par la froide brume matinale. Jamais je n'avais autant porté de pardessus en Amazonie, — du moins sans avoir la fièvre. Étrange climat et qui est bien différent de ce qu'on entend, d'ordinaire, par climat équatorial ou climat tropical!

15. — Après avoir laissé se dissiper une brume épaisse, qui heureusement se lève et se disperse dès 7 heures du matin, nous passons la CACHOEIRA DO NASCENTE, maintenant plus haute, avec un grand bruit d'eaux et présentant un dénivellement total de 1 m. 50 à 2 mètres. La cachoeira est forte et il faut l'étudier soigneusement avant de nous y risquer, car pendant notre voyage de cime la baisse des eaux a complètement transformé l'aspect de la chute. Nous sautons, sans encombre, par le canal de rive gauche. Depuis la Cachoeira Comprida c'est la Cachoeira do Nascente qui est la plus forte avec la Cachoeira das Antas.

16. — La CACHOEIRA DAS PIRANHAS, que nous passons aujourd'hui est, en ce moment, passablement périlleuse à cause de l'impétuosité du canal central, par lequel il faut passer, et à cause, aussi, du rebojo (remous) qui est en bas. Toutefois les cachoeiras voisines : TURIÁ, DADY en amont, et FURÃO, en aval, se passent facilement.

A une petite distance en bas des TRAVESSÕES DU FRÉCHAL, prenant par les îles de la rive droite et procurant la rive orientale, j'arrive à la pointe d'amont d'une des nombreuses îles qui flanquent l'Ilha Grande do Tuayá dont je vais relever le côté est.

L'ILHA GRANDE DO TUAYÁ (en juruna *Inahoutcha, Ilha do Tatú Grande*) est, d'après ce que me disent Chimbi et Laurinda qui ont évidemment reçu l'ordre, absolument inaccessible par la rive orientale, — pour ces quatre raisons péremptoires non moins que contradictoires et sans queue ni tête :

1° De ce côté le canal est plein de cachoeiras;

2° Ces cachoeiras sont à sec;

3° Il se trouve là beaucoup d'Indiens bravos;

4° Enfin c'est beaucoup plus long.

Et dire qu'ils se sont mis évidemment deux pour combiner avec ce

malheureux Chimbi et cette innocente de Laurinda ce tissu d'imbécil-
lités !

Rive droite, les travessões qui correspondent aux TRAVESSÕES DO URUBÚ qui
sont rive gauche ne comportent pas un dénivellement total supérieur. Toutefois, rive droite, il existe une *pancada* plus forte parmi plusieurs petits rapides
plus faibles que la moyenne de ceux du côté occidental. Cette pancada, taillée
dans un banc de rochers n'a guère plus toutefois d'un mètre de hauteur, mais
elle est à pente assez brusque et présente des roches à fleur d'eau au milieu
du canal.

Tout en aval de l'Ilha Grande do Tuayá et près de la pointe de bas on rencontre une cachoeira assez forte, qui n'a pas son pendant de l'autre côté de l'île,
c'est la CACHOEIRA DO TUAYÁ, qui ne présente pas toutefois un dénivellement
total de plus de 2 mètres en trois pancadas, dont la plus forte est celle d'aval.
Cette dernière pancada d'aval est difficile. On la passe par des canaux étroits
entre les pedrarias. Difficile et périlleuse l'été, elle doit l'être bien davantage
encore l'hiver. Le passage est rive gauche du canal : il faut décharger l'igarité
et la passer au plus sec.

Nous perdons trois heures à cet exercice et pourtant notre igarité est
presque à vide.

Voici, dès maintenant, le temps que nous avons mis à descendre (défalcation
faite du temps perdu aux cachoeiras) par la rive droite, les trois plus grandes
îles du Xingú :

Ilha Grande do Tuayá.	6 h. 25′
Ilha Grande do João Baptista.	4 h. 55′
Ilha de Ararunacuara	4 h. 25′

Les *Cachoeiras do Ignacio* et *da Onça* se passent sans difficultés, les *Travessões do Macayori* sont maintenant assez médiocres sans être toutefois
négligeables.

(Macayori n'habite, ainsi que ses gens, sa maloca que d'une façon temporaire. Le plus souvent il est avec son monde chez les Gomes à l'Ilha da
Caxinguba.)

Nous sommes de retour chez les Miranda le 19 septembre dans la soirée. Miranda l'aîné, guéri, est à un sitio voisin.

Ces pauvres frères Miranda ne sont véritablement pas heureux. Après avoir été attaqués déjà deux fois cette année, le 28 avril et le 25 mai, par des Jurunas « faisant les Carajás » ils l'ont été encore il y a vingt jours, le 30 août, comme nous arrivions à la Cachoeira dos Sete Travessões, à quatre jours en aval de la Pedra Secca.

C'est toujours avec des « Jurunas faisant Carajás » qu'ils ont maille à partir.

Voici comment Miranda jeune, Tristão, raconte l'affaire :

L'attaque eut lieu le 30 août, sur les sept heures du matin, alors qu'on prenait le café comme il est de coutume. Les Indiens vinrent par la forêt, puis, protégés tant mal que bien par une sorte de hangar peu éloigné de la maison principale, ils criblèrent celle-ci de flèches qui restèrent dans la toiture et n'atteignirent personne. Miranda aîné n'était pas là, il ne restait à la maison que Tristão et une jeune femme civilisée appartenant au personnel. Chacun d'eux prit un « Colt » et fit feu de son mieux sur les assaillants qui, barbouillés de roucou, menant une rumeur infernale, allaient, maintenant d'un bout à l'autre de la forêt qui borde la roça, lançant, quand ils pouvaient, des flèches qui restèrent toutes inoffensives. En même temps, un autre groupe grimpant le talus presqu'à pic en haut duquel est construite la maison, tenta d'incendier le toit de paille en y projetant le feu avec une longue feuille de palmier allumée à son extrémité. Et pendant ce temps les balles des « Colt » sifflaient toujours. Au bout de deux heures de ce manège, les Indiens hurlant toujours et courant comme des fauves dans la forêt qui borde la roça, Tristão et la jeune femme faisant de leur mieux usage de leurs rifles, au bout de deux heures de ce manège les Indiens se décidèrent à s'en aller. Toutefois toute cette fléchade et toute cette fusillade n'eurent pas de résultats aussi tragiques qu'on pourrait le redouter : du côté des Miranda personne ne fut blessé, du côté des Indiens un d'entre eux (un seul !) fut atteint d'une balle de rifle. On le vit tomber. Mais ses camarades l'emportèrent. A l'endroit où l'Indien tomba les assiégés virent, après le départ des assaillants, une véritable « mare de sang ». Et enfin, peu après, les frères Miranda brûlèrent le hangar ouvert qui avait permis aux assaillants de dissimuler leur attaque.

Pour dernier épilogue on me raconte que le lendemain de l'affaire, des seringueiros descendant la rivière virent d'innombrables urubús qui tourbil-lonnaient au-dessus d'une roche, piquant de temps à autre du bec et des pattes dans un cadavre qui ne devait être autre que celui de l'Indien tué la veille à l'attaque de la maison. Toutefois, la mauvaise odeur qu'il exhalait déjà empêcha les seringueiros de l'aller reconnaître de plus près....

CHAPITRE VII

Par la rive droite de l'Archipel des Miranda. — Cachoeira do Tabon. — Les Gomes et le Morro da Chuva. — Rive droite de l'Ilha Grande do João Baptista. — Pedra do João Baptista. — Travessões do Balbino et das Mucuras. — Morro Grande. — La *Pedra Preta*. — Cachoeiras de Curupaity, das Guaribas, da Balisa. — Cachoeira do Curuaye. — Cachoeira da Piranhacuara. — Cachoeira do Araçazal. — Cachoeira da Pirararacuara. — Cachoeira da Tapayuna. — Cachoeira do Cameleão. — Le Furo du Faux Iriri et la véritable embouchure de l'Iriri. — Furo do Iriri. — Canal do Iriri. — Cachoeira da Boca do Iriri. — Canal do Carapaná. — Canal Grande. — Cachoeiras do Passahy de cima, do Passahy de baixo, das Lages. — Cachoeiras do Gentio, da Cajituba. — Par la rive droite de l'Ilha Ararunacuara. — Cachoeira da Calacia. — Cachoeira do Espelho. — Cachoeira da Nova Corda. — Cachoeiras das Araras, de Itapinima, do Pedrão. — 30 septembre : Fort Ambé.

Dimanche 20 *septembre*. — Nous partons ce matin de chez les Miranda poursuivant en toute hâte notre voyage. Personne n'est en bonne santé, mais l'état de la malade va s'aggravant.

Nous prenons par le côté droit de l'Archipel des Miranda pour que je puisse compléter la carte de ce côté. Nous remontons quelque peu vers le sud pour voir la Cachoeira do Tabon.

La Cachoeira do Tabon que nous passons dans la partie supérieure du canal de droite est une cachoeira moyenne dont le travessão d'aval, seul, est un peu fort. Nous la descendons par le canal central.

De la *Cachoeira do Tabon* à l'extrémité aval de l'Archipel des Miranda on passe de nombreuses îles dont le compte n'est pas très facile à faire, mais que l'on ne peut évaluer à moins d'une douzaine. Quelques baraques de seringueiros, une ou deux petites maisons de commerce indiquent que la région présente certains avantages et qu'elle continuera sans doute à se peupler en dépit de quelques passagers accès de mauvaise humeur des Jurunas « mansos » redevenus « bravos ».

Le chemin par la rive droite est plus long que par la rive gauche. Aussi n'est-ce que le lendemain sur le tard que nous arrivons chez les Gomes

Chez Gomes Irmãos : le personnel.

dont la position géographique nous est indiquée de loin par ce singulier Morro da Chuva à l'O.-S.-O. de la maison, en terre ferme de rive gauche. Cette montagne est un massif assez important, un des plus importants de la région. Il doit son nom à cette particularité que sa masse est, paraît-il, un centre d'attraction de la chuva[1]. Il y pleut, dit-on, et aux alentours jusque chez Gomes et au delà, bien plus de la moitié du temps.

Ce temps orageux, incertain, qui fait qu'on ne sait jamais au juste si c'est l'été

1. La pluie; en portugais : *chuva*.

ou l'hiver, ce temps que nous avons en ce moment est l'apanage perpétuel
du Morro da Chuva.

22. — Nous achevons de traverser au plus vite ce restant de Tuayá ou

Indiens de chez Gomes Irmãos.

Tuyayá (en amont) des Jurunas. Une double raison nous force à aller vite.
D'abord il faut que les malades et spécialement « la malade » gagnent au
plus vite des centres de plus de ressources. En second lieu, on ne pourrait
pas, à moins d'être commerçant soi-même, vivre ici avec le traitement d'un
gouverneur d'État. Tout ici est tarifé à 500 pour 100 de bénéfice ; exemple :

14

une boîte de viande Paredão qui se vend à Pará 1 $ 200 se vend ici 7 $ 000.

J'ai hâte d'arriver ; toutefois je continue à prendre par la rive droite des grandes îles, la rive gauche ayant été étudiée en montant. C'est ce canal oriental que nous allons descendre maintenant entre l'Ilha Grande do João Baptista et la terre ferme.

L'ILHA GRANDE DO JOÃO BAPTISTA, ainsi nommée de son principal habitant

Chez Gomes Irmãos : la maison des Indiens.

qui y habite rive droite mais près de la pointe d'amont, est la plus longue du Xingú après l'Ilha Grande do Tuayá. Elle vient en troisième lieu comme superficie, c'est-à-dire après Ararunacuara et l'Ilha Grande do Tuayá.

Le canal de rive droite de l'Ilha Grande do João Baptista n'offre pas de particularités bien remarquables. Il présente à l'extrémité amont et à l'extrémité aval *le pendant du Travessão do Laurindo* qui est, rive gauche, sensiblement plus au nord, et *la continuation du Travessão do Anembé* lequel se prolonge N.-E. dans le canal de rive droite. Une grosse roche, la Pedra do João Baptista, est la grande curiosité du canal de rive droite.

Repassant le Travessão do Balbino et le Travessão das Mucuras, nous voici encore au Morro Grande, d'où nous étions partis il y aura bientôt deux mois.

Le Morro Grande paraît petit pour qui revient d'en amont du Rio Fresco. Les serras d'amont et spécialement celles en amont du Rio Fresco sont plus élevées, plus massives, plus étendues dans l'intérieur.

23. — La matinée suinte la pluie. Le soleil paraît comme un ovale aplati entre deux couches de nuages bistre ; on dirait un œil demi-clos clignotant

La « Pedra » do João Baptista.

dans un visage sombre. Des nuages de pluie dessinent des figures bizarres dans un ciel qui a quelque chose d'alangui.

24. — Nous arrivons aujourd'hui à la Pedra Preta, en juruna *Ououndá*, la pierre noire. La Pedra Preta est une montagne, ou, plus exactement, une colline formée d'une masse rocheuse complètement dénudée et de couleur noire. Elle donne, de son sommet, une magnifique vue de la rivière du côté amont. Du côté aval, la Pedra Preta finit à peu près à pic, dominant, comme une gigantesque muraille, les îlots du canal de rive gauche.

La Pedra Preta fut une des 3 grandes Curuaras des Jurunas ; les deux autres principales étaient Aribarú et la Pedra Secca.

25. — Arrivé hier soir à Curupaity, j'en repars ce matin après déjeuner. Notre Raymundo reste là comptant les « borrachas »[1] qu'il a fait rentrer pendant son voyage en Alto Xingú. La récolte a été bonne.

Enfin libre! Je veux bien, à l'avenir, être convaincu d'aliénation mentale, s'il m'arrive encore de faire à mes frais, l'Agence Cook pour les messieurs seringueiros et leurs familles....

Nous allons dans la joie et le soleil, passant les Travessões de Curupaity, des Guaribas et da Balisa. Je n'ai que des jeunes

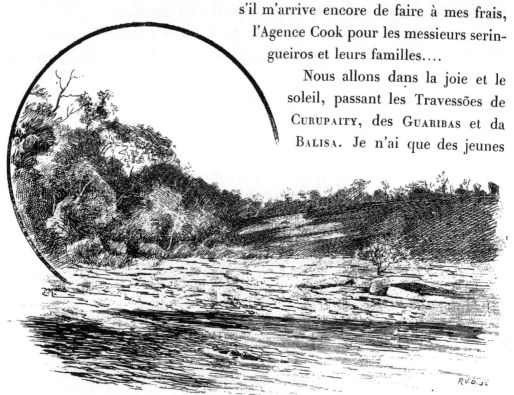

La « Pedra Preta », côté amont.

gens, dont aucun ne combine, assurément, de machiavéliques projets à mon endroit.

26. — J'aurais voulu passer par la rive droite de l'Ilha do José Doido, mais c'est en ce moment trop sec pour mon igarité, tout au moins dans la partie aval du canal. Nous allons par une matinée fraîche nous donnant une sensation de printemps en pays tempéré.

1. *Borracha* : caoutchouc. On dit vulgairement *une borracha, dix borrachas*, pour désigner les tourteaux de caoutchouc qu'on est accoutumé à fabriquer en Amazonie.

Nous passons la Cachoeira du Curuaye par les deux pancadas accostées à la rive gauche et qui contournent la pancada grande. De ces deux travessões le premier est médiocre, le deuxième en aval, qui contourne la partie la plus périlleuse de la grande pancada, décrit un coude brusque de 1 m. 5o de dénivellement total.

La Cachoeira da Piranhacuara et ses nombreux travessões entre les îlots et les pedrarias se passe maintenant sans difficulté.

La « Pedra Preta », côté aval.

La Cachoeira do Araçazal est vraiment une des fortes et des périlleuses, guère moins que celle du Curuaye. Elle a sa liste d'accidents et même, je crois, sa nécrologie. En aval de la cachoeira on passe par un canal resserré entre des rochers bas.

Nous descendons la Cachoeira da Pirararacuara par le canal central. Cachoeira moyenne, sans rien de bien dangereux, mais véritablement pittoresque. Des murailles de « pierres sèches » entassées coupent la rivière dans le sens de la longueur, ou obliquement, ou même perpendiculairement; ou en arcs de cercles. On dirait que ç'a été par l'effort du courant que les pierres ont été rangées en murailles rectilignes ou circulaires. Des arbustes de jardin anglais, des arbres à parasol ou affectant des formes inattendues s'élèvent de ces murailles de pierres entassées. Au milieu des bassins qui dominent ces murailles ce sont, par endroits, des traînées de pierres grises parmi lesquelles brillent d'un noir luisant des matières qui semblent d'origine ignée et provenir d'une éruption volcanique.

L'hiver, chaque bassin de Pirararacuara fait un rebojo périlleux. Pendant les mois de crue, cette cachoeira est considérée comme une des plus périlleuses du Xingú.

La Cachoeira do Tapayuna, toujours forte cachoeira, fait saut quand la rivière est au plus grand étiage. On la passe, à peu près toujours, par le *desvio* de rive droite, *desvio* tortueux et périlleux avec des angles de pierres où se brise le courant, et des rochers dans le canal. Puis le canal, redevenu quelque peu libre, se continue entre de grandes masses de rochers, ceux de rive gauche avec des revêtements de sable, ceux de rive droite recouverts de végétations maigres.

La Cachoeira do Cameleão, comme dénivellement et comme mouvement d'eau, peut être considérée comme au nombre des plus fortes qui soient au Xingú, du Tucuruhy à la Pedra Secca. Son canal central présente maintenant, sur une dizaine de mètres de longueur, environ 2 mètres de dénivellement. En bas de ce canal est un rebojo qui, l'hiver, est des plus violents. C'est par ce canal et ce rebojo, dans lesquels a chaviré Pastrazaná, que nous prenons maintenant. Une fois en bas, il nous faut bien reconnaître, malgré qu'il ne nous soit rien arrivé, que nous avons été imprudents.

Nous prenons, cette fois-ci, la véritable embouchure de l'Iriri.

Nous entrons d'abord dans le *Furo du Faux Iriri*, canal pierreux qui va se rétrécissant et bientôt n'a plus d'eau.

Alors, revenant sur nos pas, nous longeons la terre ferme de la rive gauche, après quoi, à un pedral jeté entre deux îles nous prenons à droite par des rapides, au nombre de quatre. Puis, poursuivant toujours au nord, nous passons trois autres rapides parmi les rochers, après quoi, tournant brusquement à l'ouest entre deux « pedraes », nous voyons le canal s'élargir devant nous jusqu'à une île flanquée d'un « pedral » au sud. Passant entre ce

pedral et la terre ferme (?), à gauche nous voyons devant nous la Véritable
embouchure de l'Iriri, une importante ouverture de près de 1 kilomètre
de largeur. Mais ces 1 000 mètres de largeur, qui font de l'Iriri l'affluent
le plus important du Xingú, sont loin d'être complètement libres en ce
moment. Le fond pierreux de la rivière est en plus grande partie à découvert,
un quart seulement de cette large embouchure est utilisée par les eaux
appauvries de l'été. De chaque côté c'est un pedral ininterrompu mais déchiqueté, bosselé, raviné et sans

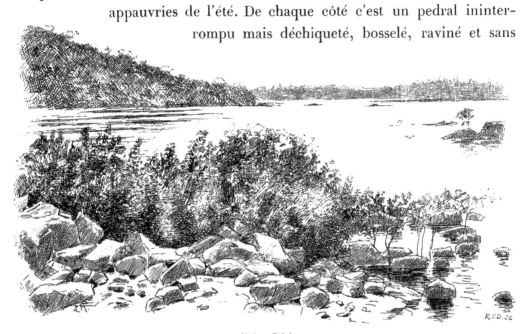

Falso Iriri.

végétation aucune. En face de ce « pedral », sur l'autre rive, derrière les deux
îles de l'embouchure, commence le Furo do Iriri qui va sortir à quelques
kilomètres plus bas. Le *Furo do Iriri* a très peu d'eau, même l'hiver; il n'est
navigable qu'en ubá, ou tout au plus en montaria.

C'est en face de la véritable embouchure de l'Iriri, par le travers O.-E. des
deux îles du confluent, que commence, à une petite cachoeira entre un ilot
de « pedrarias » et deux longs « pedraes », l'un à droite, l'autre à gauche,
c'est là que commence le *Canal do Iriri*, qui se termine un peu en aval de
la case de Manoel Henrique et à peu près par le travers de celle de José
Alves à la petite Cachoeira da Bocca do Iriri.

Puis c'est le *Canal do Carapaná* qui se continue par delà la Cachoeira do Araçazal jusqu'à la CACHOEIRA DO PASSAHY DE CIMA où commence le *Canal Grande*.

28. — Le Canal do Iriri puis le Canal do Carapaná se poursuivent à travers
l'immense masse rocheuse dans une faille de laquelle ils ont fait leur lit.
Pendant quatre ou cinq mois d'été, la plus grande partie de l'eau de l'Iriri
passe par cette voie resserrée mais toutefois profonde.

Embouchure de l'Iriri.

L'hiver, alors que tout le *pedral* est couvert, le Canal do Iriri et le Canal
do Carapaná sont impraticables, sauf pour de grandes igarités, à cause de la
violence de leur courant et du péril que présentent leurs rebojos.

Ce singulier *pedral* est ininterrompu, sans aucune solution de continuité :
le canal a nettement découpé son lit profond dans la puissante masse
rocheuse. Du moins c'est l'impression qu'il en donne.

Dans ce *pedral*, point d'arbres; seulement, parmi quelques petites plages
de sable ou sur leur lisière, de petits îlots de maigres arbustes et partout
ailleurs l'énorme masse rocheuse où dominent les aspects de laves solidifiées.

Le Canal do Carapaná prend le nom de *Canal Grande* un peu en amont de la Serra do Passahy de Cima. C'est un peu en amont du Passahy de Cima et également rive droite que, le 31 janvier dernier, les Assurinis attaquèrent un canot dans lequel se trouvait Manoel Costa, actuellement de mon équipage. C'était à un petit cap que fait une des montagnes de la région en se détachant

Canal do Carapaná.

du massif pour se pousser vers la rivière. Il y a là un port très propre et qui paraît bien entretenu : c'est une bouche de sentier sous bois peu perceptible de la rive. Soudain les Assurinis s'y montrèrent : des hommes de bonne taille, frottés au roucou, usant de parures de perles et ignorant encore nos coton- nades civilisées. Se montrant tout à coup sur le bord de la rive, les Indiens lancèrent une volée de flèches au canot de Manoel Costa. Celui-ci fut atteint d'une flèche au bras. Les hommes, qui avaient leurs rifles sous la toile qui couvre les marchandises du canot, eurent à peine le temps de faire feu.

Du Passahy de Cima à Ararunacuara nous repassons les Cachoeiras do Passahy de Cima, Passahy de Baixo, das Lages, do Gentio et da Cajituba, plus sèches qu'à la montée, plus difficiles, et nous obligeant fréquemment à chercher notre chemin. Nous allons enfin dormir, après une journée de dur labeur, à la Cachóeira da Calacia, à la pointe d'amont, rive droite, de la grande Ilha Ararunacuara.

La Cachoeira da Calacia, faite de huit travessões successifs, n'est pas sans présenter quelques périls; toutefois, les passes connues, on ne peut pas dire qu'elle soit plus dangereuse que la Cachoeira do Garantido de l'autre côté de la grande île.

29. — La Cachoeira do Espelho, à peu près par le milieu d'Ararunacuara, est accotée à la terre ferme de rive droite, où elle fait une pancada assez forte. Elle se continue par delà plusieurs îles jusqu'à Ararunacuara. Dans ce petit archipel semé au milieu du canal de droite de la grande île, elle se rachète par une douzaine de rapides ne présentant que des difficultés moyennes. La chute, rive droite, est un peu au-dessous de la pointe d'aval d'une petite île que dominent, sur la rive droite, des collines d'élévation moyenne. Elle n'a guère que 1 m. 50 de hauteur dans l'étroit canal de 50 mètres environ qui la produit par une brusque faille dans les rochers du fond. On ne passe généralement pas la *Cachoeira do Espelho*, rendue fort dangereuse non seulement par sa chute à pic mais encore par le *rebojo*[1] qui est en bas et par la roche à peine couverte qui est au milieu de ce rebojo.

30. — Entre la Cachoeira do Espelho et la sortie d'aval du canal de droite d'Ararunucuara, on passe les 4 travessões de la petite Cachoeira da Nova Cord'a, après quoi les courants rapides des Cachoeiras dos Araras, de Itapinima, do Pedrão, ont tôt fait de nous descendre jusque dans les environs de l'Ilha do Babacuara.

Et enfin sur les 4 h. 1/2 du soir, ce 30 septembre, par une forte averse, nous voici de retour à Forte Ambé, 83 jours après en être partis et 26 jours après avoir quitté la Pedra Secca.

---

1. *Rebojo* : remous.

CHAPITRE VIII

1er *octobre*. — La journée se passe à Forte Ambé à mettre les écritures à jour. Demain nous partons étudier la voie Ambé-Estrada Publica-Tucuruhy.

Ambé. — 2. — L'Igarapé Ambé a dans le Xingú une embouchure des plus mesquines, de 4 mètres de largeur environ, et qui est loin de faire présager l'importance intrinsèque de l'Ambé comme igarapé et son importance relative comme voie naturelle de communication. Cette embouchure, à peu près à égale distance de Forte Ambé et de Alta Mira, ne se voit ni de l'un ni de l'autre de ces deux points, bien qu'elle soit à peine à quelques centaines de mètres de chacun d'eux.

A une petite distance au-dessus de l'embouchure, un peu en amont des capueras de Forte Ambé, rive gauche, et d'une baraque qui sert actuellement de maison de dépôt pour les marchandises, rive droite, l'Ambé présente un petit rapide ni bien fort ni bien dangereux, couvert d'ailleurs, pendant l'hiver par les eaux du Xingú, qui refoulent alors l'Ambé sur plusieurs kilomètres, environ deux heures de montée, inondant le marécage que traverse le cours inférieur de l'igarapé.

Bien que l'on soit au cœur de l'été, la forêt est encore complètement détrempée; elle est tellement humide, vaseuse, que l'on ne peut accoster pour déjeuner et qu'on mange dans le canot. La terre cultivable est rare sur les rives, ce ne sont presque partout que forêts marécageuses poussées dans un sol inconsistant. Et cependant l'Ambé, rivière depuis longtemps connue, fréquentée, habitée, jouit, pour ce qui est de la partie habitable, c'est-à-dire les fertiles terres hautes du cours supérieur, d'une réputation d'exceptionnelle salubrité.

L'Ambé, bien qu'igarapé assez modeste, se maintenant entre 4 et 5 mètres de largeur, offre un assez grand nombre d'îles et reçoit d'assez nombreux affluents. Cette dernière particularité donne peut-être l'explication véritable de ce fait assez curieux, que le modeste igarapé, même au plus fort de la sécheresse, offre partout un fond parfaitement suffisant pour les plus grandes igarités naviguant actuellement vers le Alto Xingú : dans les endroits élargis où, par suite, la profondeur est moindre, l'Ambé présente encore un minimum de 1 mètre d'eau au plus fort de la sécheresse. Il est bien certain que nombre de régions à araçazaes, dans le Moyen et le Alto Xingú, sont, sans parler des rapides et des cachoeiras, d'une navigation bien plus difficile que celle de l'Ambé, non seulement au point de vue du tirant d'eau néces- saire, mais encore à bien d'autres points de vue. L'Ambé n'a pas de pierres dans son lit, son eau est fraîche, on y navigue toujours à l'ombre : il n'est pas nécessaire d'avoir plusieurs jours de voyage au-dessus de Alta Mira pour commencer à regretter l'Ambé.

On peut diviser, en deux parties assez distinctes, le cours de l'Ambé, du confluent au village. De l'embouchure à une station de canotiers, — une clairière dans la forêt, — station appelée Cupiuba; et de Cupiuba à AMBÉ- VILLA; — soit pour un parcours total de 7 h. 35′ à la moitié, 3 h. 55′ du confluent à Cupiuba et 3 h. 40′ de Cupiuba à Ambé-Villa.

Du confluent à Cupiuba c'est la région basse, les terres noyées s'étendant à d'assez grandes distances de chaque côté dans l'intérieur. De Cupiuba à Ambé-Villa les terres s'élèvent et si les rives mêmes ne sont pas toujours de terres hautes, les terres hautes ne sont pas loin en retrait de la partie inondée.

C'est dans cette dernière partie du cours, à 1 h. 3o' en amont de Cupiuba et à 2 h. 10' en aval de Ambé-Villa, que se trouve, rive gauche, le petit village de Pequeá.

Pequeá appartenait primitivement à Neco, de l'Ilha Ararunacuara. Ce fut Neco qui ouvrit l'embranchement de Pequeá à Serrinha. Dernièrement Neco vendit son embranchement à Antonio de Hollanda qui tenta quelque temps

Ambé-Villa.

de faire passer du fret par Pequeá, mais qui, dernièrement, s'est entendu avec les gens de Ambé-Villa, leur a vendu ses animaux, et ne fait plus maintenant aucune concurrence à l'Estrada Publica Ambé-Villa-Tucuruhy. Antonio de Hollanda n'a plus laissé à Pequeá qu'un personnel de deux hommes commençant, paraît-il, à s'occuper de cultures.

De Pequeá à Ambé-Villa les terres s'élèvent, les petites hauteurs appelées, rive gauche, Terra do Meio (du milieu — d'entre Pequeá et Ambé-Villa), et, rive droite, Collinas das Roças, parfaitement appropriées aux cultures locales, commencent déjà à être attaquées par la colonisation : le petit peuple entre-prenant d'Ambé-Villa va sans doute, d'ici peu, s'étendre jusque-là.

AMBÉ-VILLA, rive gauche de l'Ambé, dans un vaste défrichement au milieu de terrains élevés, bien aérés et sains, Ambé-Villa se compose d'une demi-douzaine de maisons alignées de chaque côté de l'unique rue du village, rue qui n'est en réalité que le commencement de l'*Estrada Publica-Ambé-Tucuruhy.*

Par delà les maisons et quelques embryons de jardins, de vastes espaces défrichés qui ont été primitivement des roças productives et que l'on transforme aujourd'hui en pâturages pour l'entretien du bétail affecté au service de l'Estrada.

Ce bétail — aujourd'hui une cinquantaine de têtes de mules ou de chevaux — est la propriété des principaux habitants de Ambé-Villa : Viriatho, José Alves, Facunda, qui font le service des transports de l'estrada chacun à son corps défendant.

Estrada Publica. — L'ESTRADA PUBLICA AMBÉ-TUCURUHY, entre ses deux points extrêmes de *Ambé-Villa* et de *Cachoeira*, mesure près de 26 kilo-mètres avec les sinuosités. La distance en ligne droite entre Cachoeira et Ambé-Villa est de 24 kilomètres. Dans son ensemble l'Estrada fait sensi-blement N. 1/4 E.

De AMBÉ-VILLA à la petite montagne (Serrinha) où bifurque l'embranche-ment du Pequeá, l'Estrada ne rencontre aucun accident de terrain bien sensible, ni igarapé, ni marais, seulement de faibles ondulations.

À une heure de marche au delà de la Serrinha on passe l'Igarapé do Ala-gado. L'Igarapé do Alagado (ou Alagado) au point où l'Estrada le coupe est aussi fort ou même plus fort que l'Ambé-Villa. Il a de 4 à 5 mètres de largeur, et maintenant, au cœur de l'été, il a encore plus d'un demi-mètre d'eau. L'Alagado est un affluent du Tucuruhy auquel il se réunit à peu près par le travers du milieu du parcours de l'Estrada. L'Alagado vient du sud-est, sa source n'est pas connue. D'après certains renseignements, un peu vagues il est vrai, la région des sources de l'Alagado aurait, aux grosses eaux, commu-nication, par des marais et des terres noyées, avec un affluent de gauche du Bas Ambé.

Sur la rive droite de l'Alagado on franchit la Serrote do Alagado, à peu près de l'importance de Serrinha, puis on va par un plateau fort peu ondulé, d'une dizaine de kilomètres de longueur, qui se termine au confluent du Tucuruhy et de l'Igarapé da Ponte Cavada. C'est près de ce confluent que se trouvait le sitio de Tucuruhy Velho, point de départ primitif de l'Estrada Tucuruhy-Ambé, un peu en amont de la Cachoeira do Tucuruhy Velho, laquelle, toujours difficile et, l'hiver, spécialement périlleuse, a fait abandonner le premier point

Villagem da Cachoeira (Tucuruhy).

de départ de l'estrada pour le faire reporter un peu en aval, au point qui est devenu le village actuel de Cachoeira, quelque peu au-dessous de la première Cachoeira de Tucuruhy.

Presque de suite après avoir traversé l'Igarapé da Ponte Cavada, on commence à longer de près la rive droite du Tucuruhy qui reste à gauche. La roça de Antonio de Hollanda, le bananal de José Alves restent entre l'Estrada et la rivière, on traverse l'Igarapé da Ponte qui a environ 15 mètres de largueur avec 1 mètre d'eau encore maintenant, puis un autre igarapé plus petit; on laisse à sa droite un cimetière, une casa, une *capuera*[1], deux *roças*[2], à gauche la baraca de João Cavalcante, puis on arrive au VILLAGEM DA CACHOEIRA DO TUCURUHY, petit centre en formation n'offrant guère que les deux barracas de Viriato et de José Alves et leurs dépendances, mais déjà flanqué, par derrière, rive droite, de grandes roças en rapport, et en face, rive gauche, d'un grand défrichement tout récemment brûlé et qu'on se disposait à planter aux premières pluies.

Tucuruhy. — Après deux heures d'arrêt au *Villagem da Cachoeira* (*do Tucuruhy*) nous commençons la descente de cet igarapé.

Nous mettons 4 h. 15′ pour descendre de Villagem da Cachoeira à Carajà, point déjà visité au commencement de ce voyage, et 7 h. 10′ pour remonter de Carajá à Villagem da Cachoeira.

De Villagem da Cachoeira à Carajá, la Tucuruhy, de même que dans son cours de Carajà au confluent, décrit de nombreux méandres dans une terre généralement basse et en partie noyée comme celle de l'Ambé.

En sortant de Villagem da Cachoeira, au milieu d'un grand arrumanzal[3] qui s'étend sur les deux rives, on rencontre d'abord un rocher isolé au milieu de l'igarapé, la Pedra do Bitão, puis 3 petits rapides, puis la CACHOEIRA DOS PILÕES qui est composée elle-même de 5 petits travessões.

La Cachoeira dos Pilões est à environ 1500 mètres du Villagem da Cachoeira. La Cachoeira dos Pilões serait le terminus fatal de la navigation à vapeur dans le Tucuruhy. Pour cette raison, quand les chaloupes à vapeur remonteront le Tucuruhy jusque-là, il n'est pas douteux que ce sera à la Cachoeira dos Pilões que s'élèvera, sur les terres hautes des environs, le petit chef-lieu du district, centre incontestablement appelé à prendre de l'importance dans l'avenir comme *terminus de la navigation à vapeur* et *point de départ* tout indiqué *de l'Estrada Publica Tucuruhy-Ambé*.

Cette voie du Tucuruhy-Ambé a été fort fréquentée dès les premiers temps de la pénétration vers le Alto Xingú. Pour s'en convaincre il suffit de regarder

1. *Capuera* : village abandonné, plantation abandonnée, maison abandonnée.
2. *Roça* : défrichement, plantation.
3. *Arrumanzal* : endroit où poussent des *arrumans*. *Arruman* : plante de haute tige et à larges feuilles, également commune dans les Guyanes.

les nombreuses stations coutumières faites par les transitants dans la forêt. Un peu en aval de la Cachoeira dos Pilões, rive gauche, est une de ces « stations » ou « lieux de pose ». Un peu plus bas, même rive, entre deux collines et en face d'un îlot qui n'est guère formé que d'un arbre et qui est appelé pour cela « Pau do Meio », autre station. 3ᵉ station à « Seringueira », rive gauche, un peu en amont d'un assez important affluent de rive droite. 4ᵉ station, rive gauche appelée « Queima-Dinheiro », — parce qu'un seringueiro qui revenait

Dans le Tucuruhy.

de la capitale, —(c'est-à-dire de la capitale de l'État, de Pará) — avec quelques fonds, y brûla, par mégarde, ses billets de banque. 5ᵉ station, rive gauche : « Cajuera ». 6ᵉ station, rive droite : « Veados ». 7ᵉ station, rive droite : « Massaranduba ». C'est de cette dernière station située à peu près aux trois cinquièmes du chemin de *Villagem da Cachoeira* à « Carajá » que Néco, dont il a été parlé plus haut, entreprit d'ouvrir une estrada destinée à prolonger jusque-là celle d'Ambé-Tucuruhy, entreprise qui est restée inachevée. 8ᵉ station, rive droite : « Flores ». 9ᵉ station, un peu en aval d'un igarapé affluent de rive droite, « Carajásinho ». Puis enfin, à quelques minutes de là, *Carajá*.

Résumé. — Comme j'ai déjà fait, au commencement de cette Mission, le voyage de Carajà à l'embouchure du Tucuruhy, il m'est loisible de dresser maintenant l'*horaire du voyage de l'embouchure de l'Ambé à l'embouchure du Tucuruhy*, et *vice versa*, par l'ESTRADA PUBLICA.

1º TUCURUHY-AMBÉ (ENTRE EMBOUCHURES)

Embouchure du Tucuruhy à Victoria (avec le montant) . . .	» h. 25′
Victoria à Carajá (estime).	3 h. 45′
Carajá à Villagem da Cachoeira	7 h. 10′
Villagem da Cachoeira à Ambé-Villa, à mule, au pas (Estrada).	4 h. 50′
Ambé-Villa à l'embouchure de l'Ambé.	4 h. 55′
TOTAL.	21 h. 05′

2º AMBÉ-TUCURUHY (ENTRE EMBOUCHURES)

Embouchure de l'Ambé à Ambé-Villa	7 h. 35′
Ambé-Villa à Villagem da Cachoeira, à pied (Estrada). . . .	6 h. 10′
Villagem da Cachoeira à Carajá.	4 h. 15′
Carajá à Victoria.	2 h. 15′
Victoria à l'embouchure du Tucuruhy (avec le montant) . . .	» h. 30′
TOTAL.	20 h. 45′

Conclusions. — Un rapprochement entre l'Estrada Publica et l'Estrada da Victoria, rapprochement fourni par les petits tableaux synoptiques ci-dessous, pourra nous servir de conclusion.

I. — DISTANCES

Estrada da Victoria à Forte Ambé, avec les sinuosités . . . (kilom.) 62

Victoria à l'embouchure de l'Ambé par l'Estrada Publica.
- Victoria à Villagem da Cachoeira, avec les méandres 32
- Estrada Publica Tucuruhy-Ambé, avec les sinuosités 26
- Ambé-Villa à l'embouchure de l'Ambé avec les méandres 12

70

En tout état de cause il resterait déjà à l'avantage de l'*Estrada Publica* qu'au lieu d'avoir à faire 62 kilomètres par la voie coûteuse des animaux de charge et de trait, voie d'ailleurs soumise à un péage spécial au profit de son propriétaire, l'*Estrada Publica* ne présente que 26 kilomètres de voie terrestre, voie d'ailleurs moins coûteuse, puisqu'elle est « libre », exempte du « droit du propriétaire », et enfin plus courte.

Quant aux 44 kilomètres à faire par les rivières dans la voie de l'État, on sait que pour qui emploie des grands canots et un personnel pour le transport de ses marchandises sur de grands espaces, 44 kilomètres de plus ou de moins sont une quantité presque négligeable.

Enfin si l'on tient compte que le Tucuruhy pourra être remonté par une lancha à vapeur jusqu'à Villagem da Cachoeira (ou tout près), on voit que lorsqu'il plaira à l'État de faire établir jusqu'à Villagem da Cachoeira un service de chaloupes à vapeur il restera à franchir, contre

Estrada da Victoria.	62 *kilomètres.*
Estrada Publica-Ambé (*Embouchure de l'*) . . .	38 *kilomètres seulement.*

les 32 kilomètres du Tucuruhy navigable à la vapeur pouvant parfaitement être desservis par une lancha, soit par la Compagnie subventionnée, soit autrement.

II. — LES FRETS

Rapidité. — Si, actuellement, la différence *théorique* qui existe en faveur de l'Estrada da Victoria pour la rapidité du transit, est faible, la différence quant au bon marché des frets est des plus considérables en faveur de l'Estrada Publica.

Je dis que la différence en faveur de l'Estrada da Victoria quant à la rapidité du transit est toute *théorique*. En effet il est connu de tous au Xingú que si, en faisant voyage rapide, on peut arriver de Victoria à Forte Ambé en 12 heures environ, en calculant d'après le pas moyen de la mule de charge dans l'Estrada da Victoria et le pas moyen de la mule de charge dans l'Estrada Publica, il n'est pas difficile de s'apercevoir que ce calcul est erroné. Une mule de charge peut faire d'une traite les 26 kilomètres de l'Estrada Publica et n'être pas autrement fatiguée pour cela. Mais elle ne saurait faire, sans s'arrêter pour prendre du repos, les 62 kilomètres de l'Estrada da Victoria. En admettant que deux relais soient organisés, pour les bêtes et pour les hommes, à Ponte Nova et à Sitio do Meio, ce double personnel triplé entrainera nécessairement tout d'abord une augmentation de fret, sans compter que la lenteur des déchargements et des rechargements, l'obligation de convoyer la nuit, transformeraient aisément en une marche forcée de 20 heures, de Victoria à Forte Ambé, le transit entre ces deux points, soit d'animaux chargés, soit, ce qui serait encore plus lent, de chariots chargés trainés par des bœufs, seuls animaux propres à ce service dans les routes agrestes qu'on a seules pu tracer jusqu'à présent à travers ces vastes forêts encore si peu fréquentées.

D'où la nécessité des deux relais de Ponte Nova et de Sitio do Meio, et l'explication de ce fait, que, dès aujourd'hui, quand il se trouve en même temps des mules à Ambé-Villa et à Villagem da Cachoeira, une charge transitant par l'Estrada Publica peut arriver de l'embouchure de l'Ambé à Victoria ou inversement, plus vite qu'en passant par l'Estrada da Victoria — sans qu'il soit nullement nécessaire pour cela que la charge, ce qui arrive, reste un mois ou deux en souffrance à Victoria ou à Forte Ambé pour cause de maladie ou d'insuffisance du personnel des travailleurs ou du troupeau des bêtes de charge. *Mon modeste fret d'explorateur a bien mis 35 jours à passer de Victoria à Forte Ambé et il n'y eut de la faute de personne!*

Mais si, actuellement, l'Estrada de Victoria fait concurrence à l'Estrada Publica, — surtout en raison de la qualité d'*aviadores*[1] de ses principaux intéressés, l'Estrada Publica prendrait un singulier développement le jour où les élémentaires travaux de voirie qu'elle attend encore lui seraient enfin octroyés. De ce jour commencerait pour le Xingú une ère nouvelle, une ère de prospérité : l'ère de la liberté commerciale.

Bon marché. — Il suffit de citer les chiffres suivants. Les propriétaires de l'Estrada da Victoria prennent pour le voyage complet : Mule de charge : 30 000; Mule de selle : 40 000; Fret par kilogramme : 300 reis. Les entrepre-

---

1 *Aviador* : commerçant en gros fournissant à une clientèle de petits commerçants ou de travailleurs

neurs de l'Estrada Publica prennent : Mule de charge 6 000 ; Mule de selle :
8 000 ; fret par kilogramme : 100 reis.

Résumé. — D'après la forte majorité des habitants du Xingú, — d'accord
en cela avec les véritables intérêts généraux de la rivière, il faudrait :

1. Mettre l'Estrada Publica en état de roulage ;

2. Entretenir quelque peu l'Ambé ; — ou bien, ou mieux, continuer l'Estrada sur la rive droite de l'Ambé, de l'Ambé-Villa à Alta Mira.

3. Mettre le Tucuruhy en état d'être remonté par une chaloupe à vapeur
jusqu'à la Cachoeira dos Pilões.

1. METTRE L'ESTRADA EN ÉTAT DE ROULAGE. — Comme l'initiative indivi-
duelle a déjà commencé sur ce point à se grouper, à s'associer, à se faire concurrence, ces témoignages de vitalité et d'esprit de progrès seront peut-être
de nature à encourager les pouvoirs publics à seconder ces intelligentes et
énergiques bonnes volonté.

Mettre l'*Estrada Publica* en état de roulage serait chose facile et peu
dispendieuse. L'Estrada qui a en ce moment, une largeur utile de 2 mètres en
moyenne n'aurait pas besoin d'être beaucoup élargie. Ce qui serait le plus
dispendieux serait la construction de ponts pour chariots sur les 4 igaraprés
traversés : l'Igarapé do Algado, l'Igarapé da Ponte Cavada, l'Igarapé da Ponte
et le petit Igarapé que l'on traverse immédiatement après. Les bois de construction les plus précieux abondant sur place, il serait facile de faire écono-
miquement ces modestes travaux d'art.

L'Estrada ne traversant pas d'endroits noyés, ne présentant ni collines, ni
ravins bien accentués, l'Estrada n'ayant jamais été complètement abandonnée,
car, après les Pères qui avaient commencé à y faire du roulage, ou tout au
moins du roulage à bras, un certain Joaquim Belleza, aujourd'hui mort,
restaura l'Estrada déjà en partie obstruée et la remit en état, l'Estrada, pour
sa mise en état de roulage, ne comporterait pas de bien coûteux travaux.

2. ENTRETENIR QUELQUE PEU L'AMBÉ. — L'amélioration et l'entretien de
l'Ambé coûteraient peu de chose. Dès aujourd'hui, les plus fortes igarités
naviguant dans le Alto Xingú remontent jusqu'à Ambé-Villa. Il n'y aurait
presque rien à faire. — D'autres, au lieu de proposer d'entretenir l'Ambé,
veulent continuer l'Estrada de Ambé-Villa à Alta-Mira sur le Xingú.

3. Mettre le Tucuruhy en état d'être remonté par une chaloupe a vapeur jusqu'a la Cachoeira dos Pilões. — Pour cette besogne, qui est la plus importante sans devoir être extrêmement coûteuse, il eût suffi, pendant quelques années, de la subvention qu'une Chambre municipale du Xingú donne actuellement à l'Estrada da Victoria.

Sans constituer un travail de géants, cette tâche est peut-être la plus difficile de l'entreprise.

Ce n'est pas que le Tucuruhy, jusqu'à la Cachoeira dos Pilões, ne présente point un fond suffisant : il a partout 1 mètre d'eau jusqu'au cœur de l'été dans les endroits les moins profonds, mais ses courbes sont parfois fort brusques, et il faudrait assurément employer à cette navigation une chaloupe faisant passablement de force sous un volume assez restreint. De plus, le courant, rapide dans ces tournants brusques, exigerait une assez grande habileté de manœuvre.

Toutefois, nettoyé des arbres tombés au fond ou en travers, ainsi que des végétations envahissantes des rives, il ne fait de doute pour personne qui connaisse la question, qu'une petite « lanche » passerait. D'ailleurs, comme partout en pareil cas, la navigabilité de la rivière irait d'elle-même s'améliorant grâce à la fréquence du transit.

En effet, encore maintenant, le Tucuruhy a ordinairement de 1 m. 50 à 2 mètres d'eau.

L'hiver, les eaux montent encore de 1 m. 50 à 2 mètres au-dessus du niveau actuel. Et pourtant, maintenant, au cours de l'été, le Tucuruhy présente de vastes inondations sur chacune de ses rives. La rivière, une fois nettoyée, entretenue, déborderait beaucoup moins, se canaliserait un peu, deviendrait ainsi plus profonde, grâce au courant accru après avoir été rectifié.

Tous les travaux nécessaires à la mise en état de navigabilité du Tucuruhy sont des travaux de voirie de l'espèce la plus ordinaire, et qui seraient loin d'entrainer de bien grosses dépenses.

L'État serait largement payé des quelques modestes débours qui lui incomberaient par le développement donné au commerce du Xingú, et par la plus-value accordée à ces excellents terrains de colonisation qui s'étendent de chaque côté de l'Estrada Publica, entre Villagem da Cachoeira et Ambé-Villa, sur la grande route du Alto Xingú, dans une région qui passe pour être la plus saine de toute la rivière[1].

---

[1]. Aux *dernières nouvelles* (1ᵉʳ juin 1897), l'intelligente initiative de la population du Xingú nous révèle de nouveaux résultats obtenus.

ALTA MIRA compte déjà *vingt maisons* qui ont été construites et qui sont habitées par des gens de la Praia Grande ou du Alto Xingú.

On a déjà essayé d'ouvrir une ESTRADA, sur la rive droite de l'Ambé, ENTRE AMBÉ-VILLA ET ALTA MIRA. Le premier tracé, qui ne s'écartait pas assez des marais de l'Ambé, a dû être abandonné. On se propose maintenant de faire passer l'Estrada par les terres hautes de l'intérieur, l'Estrada traçant la corde de l'arc décrit par l'Ambé. Cette Estrada, par les hautes terres qui limitent au sud la vallée de l'Ambé, mesure en ligne droite 10 kilomètres et 12 avec les sinuosités. Les gens du Xingú, travailleurs volontaires donnant à l'œuvre commune chacun sa part d'efforts, auront ainsi leur Estrada, — libre, publique, gratuite, de Cachoeira do Tucuruhy à Alta Mira, Estrada d'environ 38 kilomètres de parcours, contre 62 kilomètres par l'Estrada privée et payante de Victoria à Fort Ambé.

Il y a lieu d'espérer que l'État saura encourager, comme elle le mérite, cette remarquable tentative d'œuvre désintéressée, collectivement poursuivie en vue du seul bien public.

CHAPITRE IX

Nous descendons la volta d'aval (ou Volte Grande) du Xingú, du 7 au 16 octobre, avec un jour d'arrêt à Paquissambe chez Chico Portuguez, soit en 9 *jours*. Quand il s'agit de remonter cette Volta Grande, de l'embouchure de Tucuruhy à l'embouchure de l'Ambé, on ne peut pas, en raison des difficultés que présentent les Cachoeiras, compter moins d'un mois. D'un côté 30 JOURS DE MONTÉE et 9 JOURS DE DESCENTE, avec beaucoup d'efforts et de périls; de l'autre côté, par l'Estrada Publica et les deux igarapés — tel que tout se comporte dans les conditions actuelles, — 20 h. 45' de descente et 21 h. 5' de montée, soit environ 2 JOURS A LA DESCENTE ET 2 JOURS A LA MONTÉE, sans risques ni périls. — Ce petit tableau synoptique, en même temps qu'il fait bien ressortir les immenses avantages offerts par l'Estrada Publica pour le développement du Alto Xingú, trace les devoirs de l'État.

7 octobre. — Laissant derrière nous Alta Mira et Forte Ambé, nous prenons immédiatement une direction nouvelle, ouest-est, perpendiculaire à la direction générale, sud-nord, du Xingú.

A peu près en face de l'Ilha et de la Praia do Arapujásinho par derrière lesquelles, au sud, se trouve l'embouchure de l'Igarapé Tapérébatuba qui est à

17

peu près de la force de l'Ambé, on voit d'abord les Ilhas do Sinimbú, puis la petite Ilha do Pharol. Par derrière celle-ci, rive nord, débouche l'Igarapé do Pharol dont le parcours dans l'intérieur de la Volta est inconnu.

A la première inflexion que fait maintenant la rivière vers le sud, au delà d'un estirão libre de cachoeiras mais encombré d'îlots, on prend la Cachoeira do Paraty.

Le 1er travessão de la Cachoeira do Paraty est un peu sec, le danger y est constitué par l'abondance des roches et le manque de fond. Il y a toujours assez d'eau, cependant, pour igarité moyenne, à la condition de bien connaître le canal.

Le 2e travessão — (ou plutôt le 2e groupe de travessões, — car il ne s'agit presque jamais ici d'un travessão unique), — le 2e groupe se compose de 8 travessões resserrés, rive gauche, dans le *Canal do Paraty* bordé d'innombrables îlots. Ce 2e groupe manque un peu d'eau. On va parmi des pedrarias interminables et des îlots dont il est impossible de dire le nombre. En passant par les travessões de la rive gauche on évite la *Pancada do Paraty-Jatahy* qui est rive droite. La pancada Paraty-Jatahy est forte, toutefois c'est un creux faisant rebojo plutôt qu'un dénivellement brusque faisant saut.

L'hiver, on passe également par le canal do Paraty et non par la Pancada Paraty-Jatahy. Au plus fort de l'été, le canal do Paraty a toujours assez d'eau pour igarité moyenne. L'hiver la cachoeira est beaucoup plus périlleuse que maintenant.

C'est au nord des travessões d'amont du Paraty, que se trouve la casa de Dorotheu Marques dos Reis, commerçant du Xingú qui se propose, lui aussi, d'avoir son Estrada. Toutefois l'Estrada (route) de Dorotheu n'est encore qu'à l'état de Picada (sentier).

L'Estrada do Dorotheu, qui aura environ 50 *kilomètres* de longueur, ira de la maison de Dorotheu, à la Cachoeira do Paraty, à un point situé entre l'embouchure de l'Igarapé do Assobio et celle de l'Igarapé do Sacahy, à quelques kilomètres en aval des premières Cachoeiras du Bas Xingú (Cachoeiras Tapayuna-Itamaracá).

La « picada » actuelle coupe d'abord, du sud au nord, un igarapé qui doit être l'Igarapé do Jurucuá, puis le Repartimento Sul do Igarapé do Júa, puis le

Furo do Júa. Toutefois, avant d'arriver au Jurucuá, la picada coupe, à une petite distance de la maison de Dorotheu, l'Igarapé dos Tres Irmãos et un autre qui doit être celui do Assahyzal Grande, tous les deux coulant vers le sud.

Si la picada actuelle de Dorotheu doit jamais être transformée en estrada de roulage, elle ne fera, en somme, concurrence qu'à l'Estrada da Victoria, l'Estrada Publica devant nécessairement avoir, pour peu que l'État y aide, le maximum de prospérité et la presque totalité des frets.

8. — Nous partons de chez Dorotheu avec un *pratico* (pilote) de la rivière

Maison de Dorotheu, au Paraty.

qui nous fera passer toutes les cachoeiras. Nous partons aussi avec la fièvre, *elle*, du moins, que notre voyage de Alta Mira à Carajá a rendue encore plus malade....

La Cachoeira de Itaboca se compose de 5 *groupes de rapides* continuant la Cachoeira do Paraty.

Le 1ᵉʳ *groupe*, un peu à sec, n'offre de difficultés qu'en raison du manque d'eau. — Le 2ᵉ *groupe* a des dénivellements plus forts, mais il a un peu plus d'eau, — toutefois, dans ces parages, la rivière est tellement encombrée de toutes parts d'ilots et de pedrarias qu'on serait embarrassé de trouver le bon chemin sans pilote. — Le 3ᵉ *groupe*, où le dénivellement et la force du courant

s'accentuent encore, présente, comme plus grand danger, des pierres debout
dans le canal mal connu. — Le 4ᵉ *groupe* est dans un canal sec et tortueux
resserré entre des îlots et des « pedrarias ». — Le 5ᵉ *groupe* est celui qui présente le dénivellement le plus fort.

A l'extrémité aval de la Cachoeira de Itaboca se trouve, rive droite, le Morro
do Maximo (du nom d'un seringueiro qui habitait récemment là). L'hiver
dernier les Assurinis firent une installation temporaire au pied de la montagne.

Entrée de la Picada do Dorotheu au Paraty.

Il va sans dire qu'aussitôt que notre seringueiro eut connaissance du fait, il
s'empressa de déguerpir au plus vite. Il est aujourd'hui réfugié, loin de la
portée probable des terribles Indiens, dans un îlot de l'autre rive, derrière
l'Ilha de Itaboca.

La Cachoeira de Itaboca descendue on passe un travessão innomé, qui est
à la pointe d'amont de l'Ilha do Pimental, une des plus grandes îles de la Volte
d'aval, puis on arrive à la petite CACHOEIRA D'ITABOQUINHA où nous devons,
faute d'eau, alléger la petite igarité pour passer.

Après la Cachoeira de Itaboquinha, c'est la fameuse région de la PRAIA
GRANDE, bien connue aujourd'hui au Xingú par les démonstrations plus ou

moins tragiques qu'y font depuis quelques années les Indiens bravos Assurinis.

Les *Assurinis*, tant redoutés de la Praia Grande aux Passahy, ne me font cependant point l'effet d'être des Indiens si terribles. D'abord ils ne sont nullement canotiers, ne construisent point d'ubás, et pour ce qui est de celles qu'ils volent pour piller ce qu'elles peuvent contenir, ils les abandonnent, soit

Jurunas de la Praia Grande.

au courant, soit sur la roche ou la plage où ils les auront tirées au sec pour les piller plus à l'aise. Ils n'attaquent que de terre ferme, et seulement terre ferme de rive droite, quand une embarcation passe à leur portée.

De plus, ces Assurinis sont d'assez médiocres archers. Leurs arcs sont trop plats, — plats comme une latte ; et ils sont trop longs, tandis que, d'autre part, leurs flèches sont trop courtes ; — tout leur armement est trop défectueux pour les rendre redoutables. Mauvais archers, à ce qu'il paraît, on les a vus, quand ils attaquent les civilisés, manquer un homme à deux longueurs de flèche. Plusieurs traits que l'on raconte d'eux ne les feraient pas non plus passer pour des hommes de grand courage. Toutefois, tels qu'ils sont, ils causent aux civilisés une frayeur suffisante pour que ceux-ci aient abandonné la place aux sauvages. Cette région de la Praia Grande, naguère passablement peuplée, redevient un désert. Ses habitants vont se dispersant en amont, en aval, quelques-uns s'en sont allés avec Viriato s'installer à Ambé-Villa à l'autre extrémité de la Grande Volte d'aval.

La « Praia Grande » qui donne son nom à la région n'est pas, à proprement parler, une plage ni bien longue ni bien large, c'est une plage élevée, toujours au-dessus de l'eau et paraissant, au fort de l'été, une colline à pic de sable durci.

C'est non loin de cette plage que, le 13 juin dernier, le canot du principal habitant de la région, Viriato Martins Jorge, (aujourd'hui à Ambé-Villa), a été attaqué par les Assurinis. Le canot était aux mains d'un employé qui conduisait l'équipage. Sous les flèches des Indiens, tous plongèrent et se sauvèrent à la nage. Un homme du canot, le nommé Manoel Rodrigues, fut blessé, et un autre, appelé Bellarmino, se noya en cherchant à se sauver à la nage sous les flèches. Le canot abandonné, les Assurinis s'en emparèrent et prirent 3 rifles chargés qui y avaient été abandonnés par les fuyards. Trois rifles à ajouter au « Trésor de guerre » des Assurinis qui ont, paraît-il, déjà « collectionné » ainsi plusieurs rifles ayant appartenu à de pauvres seringueiros qui voyant tomber à l'improviste sur leur canot ces flèches indiennes dont ils ont tant peur ne pensent qu'à se sauver au plus vite à la nage, abandonnant le rifle à l'embarcation et l'embarcation au courant.

C'est un peu en amont de la Praia Grande que débouche, rive droite, derrière des îles, l'Igarapé Ituna qui est à peu près de la force du Tucuruhy. Un peu en aval débouche, même rive, un autre igarapé un peu moins important, l'Igarapé Itatá. On se demande ce que viennent faire ici au milieu de toutes ces désinences géographiques qui ont plutôt un aspect tupi ou aprouague, ce mot Caraïbe de *tuná* (eau)?...

9. — Nous étions arrêtés hier soir chez Porphirio Ribeiro da Cunha qui me donne quelques hommes pour me conduire quelques jours encore sur cette

terrible route des cachoeiras mais aussi du vapeur. Les hommes que m'avait prêtés Pedro Lemos reviennent à Alta Mira avec l'igarité de Pedro et je poursuis maintenant avec des hommes et une ubá de Porphirio Ribeiro da Cunha.

Laissant la Praia Grande à droite, nous prenons par la rive gauche et coupons au plus près pour arriver à la Cachoeira da Praia Grande.

La Cachoeira da Praia Grande se passe avec facilité en ce moment, ce ne sont là que quelques rapides ne présentant aucun danger.

Cette région de la Praia Grande, en dépit de son nom qu'elle doit au voisinage de la fameuse plage, est surtout une région d'îles, d'îlots et de rochers.

A une petite distance en aval, entre l'Ile du Taïtucá, l'Ile du Tatá, des bancs de « pedrarias » et les rives, c'est la Cachoeira do Taïtucá que nous descendons, par 6 travessões successifs, dans un canal qui rappelle un peu celui de Carapaná. Seuls, les travessões d'aval sont un peu forts. La cachoeira a maintenant très peu d'eau, tout juste assez pour que notre ubá puisse passer sans trop chercher.

En aval de la Serra, de l'Ile et de l'Igarapé du Tatá, nous prenons la Cachoeira do Pacajahi, qui commence en face du confluent de l'Igarapé du même nom. Cette cachoeira est à peu près de la force de celle de Taïtucá, les travessões s'y produisent également dans des canaux longitudinaux parallèles rappelant les canaux qui vont de l'Iriri à Ararunacuara. Le 1er *rapide* en amont est assez fort; le 2e a une roche au milieu du canal; le 3e et le 4e sont plus forts; le 5e et le 6e sont moyens.

La Cachoeira do Pacajá Grande se produit en face, un peu en amont et un peu en aval de l'embouchure du Rio Pacajá Grande. Elle se compose de 6 travessões médiocres répartis 3 dans un canal en amont, 3 dans un canal en aval.

Le Rio Pacajá Grande, qui donne son nom à cette cachoeira, est un des plus forts affluents du Xingú, assurément moins long que l'Iriri, mais plus important que le Rio Fresco. On lui donne le nom de Pacajá Grande pour le distinguer des deux autres Pacajás de la région : le Pacajahi (Petit Pacajá) tout de suite en amont du Pacajá Grande, et le Pacajá qui débouche dans le lac ou golfe de Portel.

Le Pacajá Grande a été, dans ces dernières années, remonté par Tancredo, frère du Viriato qui est actuellement à Ambé-Villa. Tancredo avait une petite igarité montée par 6 hommes. Il partit l'hiver, aux eaux moyennes. Au bout de 11 jours on entendit ou on crut entendre des coups de fusil, l'équipage prit peur et Tancredo dut s'en retourner.

Pendant ces 11 jours de montée, la rivière est sans cachoeiras et de navigation facile. A cette époque, pourtant toute récente, il semblerait que les Assurinis n'habitaient pas encore dans la région du Pacajá Grande, car Tancredo ne rencontra pas les moindres vestiges d'Indiens. On suppose que les Assurinis sont aujourd'hui installés sur les rives ou dans les forêts voisines.

D'après Tancredo, le Pacajá Grande a des îles, des furos, des braços. Il est très profond, il atteint jusqu'à 8 et 10 mètres de fond; ce n'est que sur de courts espaces qu'il peut être remonté au varejão.

Dans son cours inférieur le Pacajá Grande a beaucoup de « pierres dessinées ». Ces dessins, par leur dimension, par la netteté et la variété des personnages — hommes et animaux — seraient un des plus curieux spécimens de la cryptographie américaine.

Un peu en aval de l'embouchure du Pacajá Grande se trouve l'Ile Taperacurara qui donne son nom à la cachoeira qui, par le travers de l'île, coupe la rivière.

La Cachoeira do Taperacurara offre 6 travessões par le canal central où nous la passons. Sur les bords de ce canal on remarque une végétation bizarre de petits arbres ou de simples arbustes parfois bien singulièrement contournés et qui évoquent l'idée de je ne sais quel jardin anglais mal entretenu. Une fois qu'on s'est arrêté à cette idée, l'œil découvre complaisamment dans cette pauvreté sauvage toutes sortes de motifs d'une sobre et délicate ornementation. De petits arbres aux gros troncs blancs et lisses jouent la futaie séculaire dans ces bosquets en « pedrarias », ces pelouses ou plages de sable ressemblent parfois à quelque coin de parc déjà vu.

Du côté ouest de l'Ile Taperacurara, le canal a maintenant trop peu d'eau pour que personne y passe, même en montaria. Du côté de la terre ferme de l'est, le *Furo da Cobra Verde* se trouve dans les mêmes conditions.

En aval de Taperacurara, le Xingú entre dans la partie la plus héroïque de son cours. C'est la région des plus hautes et des plus impétueuses cachoeiras, la région des interminables canaux entre de fantastiques pedraes; la région des cachoeiras doubles ou triples, par le travers extraordinairement élargi de la rivière ; la région des grands furos accompagnant à des distances mal connues la coulée principale des eaux du Xingú.

La CACHOEIRA DO JURUCUÁ, la première de ces grandes cachoeiras, traverse toute la rivière d'une rive à l'autre, mais non point comme un barrage unique faisant saut ou bien cachoeira à forte pente. Dans l'ensemble, cette Cachoeira do Jurucuá laisse l'impression d'un très puissant désordre ayant jeté, dans tous les sens et sans aucun plan arrêté, des bouts de chutes, des rapides faisant le plus souvent un angle assez accentué avec l'axe central du courant, des ilots rocheux, des traînées de rochers nus, de petites montagnes débordant d'ilots minuscules qu'assiègent des cataractes toujours grondantes, des amoncellements de pedrarias où des courants violents se sont frayé un inexplicable passage.

Donner une description complète et minutieuse de cette Cachoeira-Dédale, de cette Cachoeira-Labyrinthe, supposerait qu'on a passé plus d'un mois à l'étudier en tous sens. Pour moi qui la passe en toute hâte, en quelques heures, je ne puis mieux faire que de m'en rapporter à mon Journal de voyage quant à la description du chemin parcouru.

« Nous prenons par la rive gauche. De nombreux entassements de blocs de pierres se succèdent sur notre route et autour de nous. Nous tentons parfois de prendre le canal central, mais nous n'y parvenons pas : la région médiane de la rivière est en bien des points trop sèche pour notre ubá.

« La 1ʳᵉ série de Travessões que nous passons se compose de 4 travessões assez faibles.

« La 2ᵉ série est faite de travessões plus forts, avec des bouillons, des rebojos. L'ensemble de cette série mesure bien 2 mètres de dénivellement total.

« Puis c'est la Pancada Grande do Jurucuá qui traverse la rivière dans toute sa largeur offrant 2 à 3 mètres de dénivellement total ; — dénivellement total calculé sur les différentes brèches taillées à même la brèche rocheuse, tantôt en retrait, tantôt en avant de la ligne principale de fissure, tantôt chute, petite ou grande, unique, à pic, tantôt en escalier. Cette Pancada Grande do

Jurucuá ne laisse, comme impression d'ensemble, que la sensation d'une force très puissante mais désordonnée, avec beaucoup moins de grandeur et de beauté qu'on pourrait s'y attendre. La sensation de chaos que laisse tout d'abord cette étrange cachoeira se fond bientôt en une sensation plus nette et plus durable de fatigue bien naturelle et de tristesse irraisonnée.

« Nous passons la *Pancada Grande do Jurucuá* par plusieurs travessões successifs qui se commandent les uns les autres comme les échelons d'une échelle. Il nous faut, cela va de soi, décharger complètement notre ubá. Quant on passait par là avec une igarité chargée, on y perdait plusieurs jours avec de sérieux risques de mortels accidents.

« Le PORTAGE est sur les roches, non loin de la rive gauche ; on traverse sur des pierres qu'ombragent, d'une ombre parfois assez drue, des araçazaes bien poussés, entremêlés de quelques grands arbres. Ce portage, qui n'a pas beaucoup plus d'un kilomètre, aboutit à une plage de sable. Il fait sensiblement Nord-Ouest.

« Quand nous arrivons à l'extrémité aval de ce portage, une petite plage bordée d'araçazaes du côté de la forêt, ma pauvre voyageuse, épuisée par ce kilomètre de marche difficile, tombe, presque inanimée, au port de réembarquement, avec un nouvel accès de fièvre d'une extrême violence. Toutefois, un peu plus bas, comme nous avons sous des grands arbres une fraîcheur plus vive, l'accès se calme momentanément.

« En attendant que l'ubá soit rechargée, on se prend malgré soi à retourner la tête, à regarder du côté de Jurucuá qui maintenant est là, en haut. On entend des bruits sourds de tous les côtés, et de tous les côtés des susurrements, des chants légers d'eaux fuyant en rapides ou tombant en cascatelles parmi l'immense pedral semé partout d'îlots rocheux plus ou moins mal boisés. On voit aussi dans les plus grandes îles de la rivière de véritables montagnes couvertes de hautes futaies sombres. De certains côtés, la marche de l'eau semble mettre en défaut notre topographie : des chutes, des rapides, des eaux que l'on voit jaillir, bondir, viennent de toutes les directions, s'en vont dans toutes les directions, et on cherche, de bonne foi, on se demande avec inquiétude s'il sera possible, sans le fil d'Ariane, de sortir de ce Labyrinthe des Cachoeiras. »

L'ubá est rechargée et nous repartons. Quelques minutes après nous arrivons, ce soir, 10 octobre, à l'Ile de Paquissambe, chez Chico Portuguez déjà vu au commencement du voyage.

Nouvel accès de fièvre de la malade; de 6 à 8 du soir ce sont deux heures ininterrompues de délire. L'excellent Chico fait de son mieux dans sa modeste barraca inachevée, mais quelles ressources trouve-t-on dans ces déserts!

Pará — dont ne me séparent cependant plus que quelques jours de voyage... Pará que tu es loin!

CHAPITRE X

Calfatage par à peu près. — Le tuxáua Muratú. — Exploitation de civilisés par des sauvages. — Pilote séraphique. — Cargaison indienne. — CACHOEIRA DE PAQUISSAMBE. — CACHOEIRA DE TICARUCA. — Canal da Terra Preta; CACHOEIRAS CACHÃO GRANDE, CACHÃOSINHO ET AÚ. — Canal Comprido. — Canal de gauche de la Balaia. — CACHOEIRA DA MASCARADA. — CACHOEIRA DO AÚ. — BAS DE LA CACHOEIRA DA MASCARADA. — CACHOEIRA DO TUBARÃO. — CACHOEIRA DE ARARUNACUARA. — Canal de Ararunacuara. — Mirages. — *Rebojo Comprido, Rebojo Grande.* — Le *rebojo* est un être vivant. — Canal Direito. — Furo do Paranapucú. — Canal Grande. — CACHOEIRA DO CANAL GRANDE (OU DO CALDEIRÃO, OU DO REBOJÃO). — CACHOEIRA DE CAJITUBA. — *Roches de Cajituba.* — CACHOEIRAS D'ITAMARACÁ, DA TAPAYUNA, de ANANIDENA. — Le sentier d'Itamaracá. — *Pierres dessinées d'Itamaracá.* — Un conseil de M. de Quatrefages.

Dimanche 11 octobre. — Chez Chico. Mes hommes calfatent l'igarité de mon hôte. Comme on n'a pas autre chose sous la main, on se sert de coton en bourre et de vieux sacs. Chico prétend que lorsque nous arriverons au bas des cachoeiras il sera nécessaire de calfater à nouveau... Je le crois sans peine!

Comme une partie de mon équipage s'en retourne d'ici et que d'ailleurs Chico aura besoin de monde pour lui ramener son igarité qu'il va charger de marchandises au vapeur, voici mon homme en grande conversation avec un personnage assez influent dans ces déserts pour lui procurer les hommes dont il a besoin ou les lui refuser. Ce personnage c'est le *tuxáua*[1] *Muratú*[2].

---

1 *Tuxáua* : en lingua geral, chef de tribu, chef de village, chef de famille, ou simplement homme âgé. A ce titre ne correspond aucune autorité positive.

2. *Muratú* : mulâtre, mot de la langue portugaise, *mulato*, adopté par les indigènes qui l'ont légèrement modifié en *muratú*, expression qui, dans leur esprit, peut s'appliquer aussi bien à un Indien de couleur foncée qu'à un mulâtre véritable.

Muratú est un Indien Juruna, à moins qu'il ne soit Pena; sa filiation n'est pas bien établie. Ce qu'il y a de bien établi chez lui, c'est sa friponnerie. Il a su également dresser fort bien son petit peuple. Il faut voir le malheureux Chico en proie à tous ces gens-là! Ils font leurs prix, ils étudient ce qui leur plaira le mieux, et cela, toujours tutoyant le maître de la maison, cependant que les deux femmes civilisées de chez Chico servent la maloca de café dans de fines petites tasses en porcelaine de Limoges....

Pour ce petit voyage de quelques jours, l'un veut seulement un rifle, 500 cartouches, de la bonne toile américaine pour se faire trois costumes complets, une dame-jeanne de quinze litres de tafia, plus quelques menus objets. Les autres sont à l'avenant. Pour le tuxáua moricaud Muratú, lui, il ne travaille pas, — (il est chef!) il ne viendra point passer l'igarité dans les cachoeiras, mais enfin il veut bien permettre à ses hommes, — qui d'ailleurs ne lui obéissent pas beaucoup, — de travailler pour le blanc, cela mérite assurément... non pas un salaire... fi! quel vilain mot!... mais un joli petit cadeau en toute amitié... voyons donc quoi? eh bien, par exemple, une petite machine pour Mme Muratú au cas où il lui prendrait fantaisie d'orner d'une chemise ou d'une jupe son académie qui n'est encore habillée que d'une couche de roucou.

L'autre me disait : « Je vous ai honoré de ma société pendant que vous vous rendiez à la cachoeira finale. Or, remarquez bien que pendant ce temps-là j'aurais pu faire fortune. Vous m'êtes débiteur de cette fortune.... »

Quand l'estomac et le foie fonctionnent bien, on ne trouve ces choses-là que réjouissantes.

12. — Toujours chez notre ami Chico attendant notre fameux pilote des cachoeiras, un gamin Juruna appelé Raphaël. Cet archange s'est fait remettre d'avance un paiement si grotesquement exagéré qu'il est bien possible que maintenant, devenu trop riche tout d'un coup, Raphaël dédaigne de faire encore son métier de pilote....

13. — Notre séraphique pilote arrive ce matin. D'un ton bref, avec une nuance de reproche, il demande à Chico :

« Es-tu prêt? Je suis prêt, moi. »

Chico ne lui casse pas les reins.

Nous emportons un chargement de vieilles Indiennes qui piaillent, de mobilier Indien qui pue. Pour trois Indiens qui travaillent, plutôt mal il est vrai, nous emmenons quatre femmes, deux enfants en bas âge, un nouveau-né, deux chiens. De plus, une de ces dames sauvagesses n'a pas voulu se séparer de sa petite perruche qu'elle a confortablement installée dans une grande

Moyen Xingú : Indiens domestiques.

cage. Chico est au gouvernail, à la pluie. L'illustre pilote Raphaël est confortablement couché tout de son long sous le toldo, (la banne de l'igarité), avec les femmes, les enfants, le nouveau-né, les deux chiens et la perruche. Quand le véhicule s'ébranle et qu'il commence à entrer dans les cachoeiras, c'est un vacarme tel qu'on n'entendrait pas tonner. La perruche parle, les chiens hurlent, les femmes racontent des histoires. Quant au pilote... le pauvre homme! il ronfle bien tranquillement dans son coin.

La Cachoeira de Paquissambe, que nous passons en sortant de chez Chico Portuguez, est forte, mais a suffisamment d'eau.

La Cachoeira de Ticaruca est beaucoup plus importante que celle de Paquissambe. Elle se compose de 9 travessões que j'ai designés, d'amont en aval, par les lettres *a*, *b*, *c*, *d*, *e*, *f*, *g*, *h*, *i*.

C'est le *Travessão a* qui constitue la chute principale. Le canot passe par un petit canal à droite, canal étroit resserré entre les rochers, puis bientôt, déchargé et filé à la corde, le canot descend plusieurs « marches d'escalier » constituant l'ensemble du *Travessão a*, lequel peut avoir environ 2 mètres de dénivellement total.

Ensuite le canal, plus rétréci, tourne à droite, resserré entre un grand pedral à gauche et une île rive droite. Là se produit le *Travessão b* qui fait à peu près saut, mesure environ 1 mètre de hauteur et présente au milieu de sa déclivité une roche dangereuse quand les eaux ne la couvrent pas complètement.

Le *Travessão c* a 1 mètre de hauteur totale.

Le *Travessão d* est également assez fort; on appelle ce travessão *Travessão da Pedra Sabão* parce que, l'été, on y glisse les canots sur la pierre lisse qui est à l'angle du courant.

Le *Travessão e* a 1 m. 50 de dénivellement. Dans le canal toujours resserré entre les « pedrarias » le travessão se produit juste en amont d'un ilot boisé accoté au « pedral » de la rive droite.

Le *Travessão f* est un rapide tortueux et dangereux pouvant se décomposer lui-même en 4 ou 5 travessões, — toujours dans un canal étroit ayant tout au plus 5 à 6 mètres de largeur, avec des pedrarias à araçazals de chaque côté.

Le *Travessão g* se compose de 3 travessões qui sont au nombre des plus forts de tout ce long Ticaruca.

Le *Travessão h* et le *Travessão i* sont moyens.

Nous avons suivi, en passant ces 9 travessões de Ticaruca, le chemin du milieu de la rivière. Rive gauche c'est le Canal da Terra Preta où Chico Portuguez a eu un baracão.

Rive droite ce sont 3 cachoeiras assez fortes : Cachão Grande, Cachão-sinho et Aú. On ne passe généralement pas par ces cachoeiras de la rive droite à cause de Cachão Grande qui est trop sec l'été et trop dangereux l'hiver.

En aval du *Canal da Terra Preta* on prend le *Canal Comprido* qui se poursuit jusqu'à la Cachoeira do Tubarão. Après avoir passé 5 petits travessões dans le Canal Comprido, nous nous arrêtons pour la nuit à une baraque de seringueiro actuellement abandonnée. La pluie menace et la baraque est en ruines : je fais installer nos deux hamacs dans le *defumador*, qui n'est pas en trop mauvais état. Les graines qui ont servi à « défumer » le lait de caoutchouc pour le coaguler plus vite et plus fortement, jonchent encore le sol où pourtant les herbes ont déjà poussé. Où est le seringueiro, comment s'appelait-il? Personne, dans ma troupe, n'en sait rien. L'homme est encore bien peu de chose dans ces déserts et sa vie s'y écoule sans y laisser même l'empreinte d'un souvenir. Qu'il soit civilisé, qu'il soit Indien, sa vie paraît ne tenir aucune place dans la vie générale de l'espèce humaine.

14. — Au sortir de la baraque abandonnée de notre anonyme seringueiro, nous voyons notre Canal Comprido, qui s'élargit, recevoir rive droite, un canal qu'on me dit le *Canal de gauche de la Balaia*, puis, aussitôt après cette jonction, notre canal élargi se dédouble à nouveau, le bras de gauche descendant à la Cachoeira da Mascarada, le bras de droite nous donnant les travessões d'aval de la Cachoeira do Aú.

La Cachoeira do Aú commencerait (d'amont en aval) dans le *Canal de droite de la Balaia*. Les travessões que nous passons, dans le *Canal Comprido*, entre les « pedrarias » qui bordent de chaque côté ce canal, les travessões que nous passons comprennent une douzaine de rapides, d'amont en aval toujours plus forts et présentant des « rebojos » de plus en plus dangereux.

La Cachoeira da Mascarada qui reste à gauche, de l'autre côté des pedrarias et des îlots montagneux et boisés auxquels les pedrarias sont accostées, la cachoeira da Mascarada se continuerait, à ce qu'il semble, sur un assez grand parcours, car peu avant d'arriver à la Cachoeira do Tubarão, nous passons « la tête » de la « Cachoeira da Mascarada » me disent les hommes : ce sont deux travessões périlleux dans un canal étroit resserré entre deux pedraes.

La CACHOEIRA DO TUBARÃO est une des plus puissantes sinon la plus forte de toutes les Cachoeiras de la Volte d'aval. Avec Jurucuá, Cajituba et Itaruaracá, elle est au premier rang des plus fortes et des plus belles cachoeiras de tout le Xingú Paraense.

La Cachoeira do Tubarão mesure de 3 à 4 mètres de dénivellement total.

Nous la passons par un canal de la rive droite qui, par 2 travessões, sauve de la grande chute mais aboutit à une autre chute qui a près de 2 mètres de hauteur totale et qu'il faut que le canot passe complètement déchargé et mené à la main.

A une petite distance au-dessous de Tubaraõ on passe la PANCADA DA BALAIA composée en réalité de deux travessões dont le second, qui est très fort, est compliqué d'un « rebojo » dangereux.

La CACHOEIRA DE ARARUNACUARA, dans un canal étroit rappelant, encore plus que les précédents, le Canal do Carapaná ou le Canal do Iriri, la Cachoeira de Ararunacuara fait un très fort mouvement d'eau et a un rebojo dangereux.

Le *Canal de Ararunacuara*, qui va de la Cachoeira do Tubarão au Canal Direito, est un des beaux spécimens de ces étranges canaux que présente le Xingú. A droite et à gauche du Canal d'Ararunacuara comme de la plupart de ces canaux, ce sont des amoncellements, en murailles cyclopéennes presque à pic, de roches noires semées de matières plus noires encore qui ont des aspects de mâchefer passé au bitume, de lave fondue mélangée de goudron. Derrière, en retrait, du sable et des arbustes. Ces canaux étant sensiblement rectilignes et toujours étroits et profonds, leurs « cachoeiras » et leurs « rebujos » sont, le plus souvent, d'une excessive violence.

Quand on passe ces cachoeiras, tout le monde sort du canot, sauf deux hommes d'équipage, l'un patronnant à la poupe, l'autre à la proue. Pour nous, il nous faut grimper au-dessus des murailles de lave et entreprendre de longs itinéraires à travers ces minéralogies de volcan éteint. Et le soleil verse des effluves d'incendie sur ce paysage de désolation. Et, dans la fournaise du ciel, « la malade » va grimpant et dévalant ces rochers abrupts qui brûlent les pieds qui s'y posent, les mains qui s'y crispent. La pauvre itinérante, regardant parfois le sillon blanc de la rivière qui hurle en bondissant, semble croire à un mirage, à une hallucination. Et moi-même, voyant ce fantôme qui, par un effort étrange de courage, arrive parfois à parcourir d'un pas léger et rapide les laves réchauffées, j'en arrive, trompé par le milieu, à m'extérioriser dans le temps et à me demander pour quelle religion endure ce martyre la jeune anémiée, dont la vie semble maintenant se concentrer tout entière dans une flamme de volonté qui brille au fond de l'œil.

En bas ce sont les *rebojos* qui nous guettent : le *Rebojo Comprido*, le *Rebojo Grande*. C'est un préjugé, une superstition jouissant d'un assez grand crédit chez le peuple cachoeiriste : le rebojo est un être vivant. Si on rame sans faire de bruit, qu'on ne le réveille pas, le tourbillon reste tranquille, la surface des eaux reste calme et plane sous la direction uniforme du courant. Mais malheur à qui réveille « Celui qui dort » au fond de sa couche d'eaux traîtresses! le « Rebojo » soudain recommence à faire tournoyer sur son centre son énorme meule liquide qui se creuse en entonnoir, et dans quelques coups de colère, nerveux, secoué, il engloutira jusqu'au fond des abîmes la rame téméraire qui a osé le défier.

Au delà de ces « rebojos » le Canal devient tellement rectiligne qu'il a pris le nom de sa propriété — *Canal Direito*.

Puis le Canal fait un coude brusque, il se jette soudain à l'ouest (*Canal Grande*), — tout en envoyant vers le nord un autre canal qui d'abord continue la direction primitive, puis bientôt se rejette lui-même à l'ouest : cet autre canal est le *Furo do Paranápucú*.

La CACHOEIRA DO CANAL GRANDE (appelée aussi DO CALDEIRÃO OU DO REBOJÃO), commence tout de suite après la bifurcation du *Canal Direito* en *Canal Grande* et en *Paranapucú*.

La CACHOEIRA DO CANAL GRANDE présente successivement 7 travessões dans le Canal passablement resserré.

Le *Travessão a*, le premier en amont, est un des plus faibles, bien que son petit rebojo, appelé *Funil*, soit passablement redouté et oblige à décharger les embarcations pour passer. Le sentier de décharge est rive gauche.

Le *Travessão b*, ou *do Rebojão*, ou *do Caldeirão*, est un des passages les plus périlleux de ce périlleux chemin de la Volte d'aval. Ce *rebojão* est un énorme mouvement circulaire que font, dans le canal resserré, les eaux rapides et tumultueuses. On décharge toujours les bagages et malgré cela les embarcations, bien qu'à vide, sont toujours en péril de remplir et de se perdre. Ce *Travessão b*, qui a déjà trois noms en a encore un quatrième : il est quelquefois nommé le *Fervedor*. On passe ce travessão en glissant le canot sur une roche plate accostée à la rive gauche du canal. Les bagages passent par un médiocre sentier, rive gauche.

Le *Travessão c* a un autre rebojo assez périlleux.

Les *Travessões d, e, f, g*, bien que plus faibles que les 3 premiers, offrent pourtant aussi des rebojos, mais qui sont loin d'être de la force des 3 « rebojos » d'amont.

Ce Canal Grande, dans lequel se succèdent les 7 travessões ci-dessus est étroit mais très profond. Il n'atteint pas toujours 50 mètres de largeur et presque toute l'eau du Xingú passe maintenant par là, car au delà, jusqu'à ses rives de terre ferme, la grande rivière a maintenant tout juste assez d'eau pour de petites ubás et encore ne leur donnerait-elle pas libre passage partout.

La CACHOEIRA DE CAJITUBA est une énorme poussée d'eaux bondissantes et tournoyantes qui se brisent, roulent sur elles-mêmes et dévalent en cime d'une forte masse rocheuse que l'on devine sous l'eau au milieu du canal. Cajituba est plus saisissante, peut-être, que Tubarão, mais son champ est plus restreint.

En aval de Cajituba, rive droite, près de l'entrée du sentier qui va en aval de la Cachoeira d'Itamaracá, on trouve deux roches où des artistes indigènes ont tracé leurs hiéroglyphes.

C'est de ces *Roches de Cajituba* que part le sentier, de 20 minutes de chemin environ, qui se rend en bas d'Itamaracá.

La CACHOEIRA D'ITAMARACÁ au centre, flanquée de la CACHOEIRA DA TAPAYUNA, rive gauche et de la CACHOEIRA DE ANANIDENA, rive droite, constitue le premier grand barrage du Xingú, d'aval en amont. Au pied de cette triple cachoeira on trouve encore deux petits travessões, le *Travessão da Maré* et le *Travessão do Portão*. Ce dernier constitue le véritable terminus, virtuel sinon actuel, de la navigation à vapeur dans le Bas Xingú, bien qu'il ne soit pas encore démontré, toutefois, que les navires qui font actuellement le service, — jusqu'à Juraná, — soient capables de remonter plus haut que la Bahia do

Tubarão, au tiers du chemin, entre Juraná et le Portão, ce dernier restant accessible aux petites lanchas, du moins à ce qu'on suppose.

La CACHOEIRA D'ITAMARACÁ se produit à un coude brusque du Xingú qui, coulant Est-Ouest depuis le Canal Direito, se rejette soudain au Nord. La cachoeira s'accuse aussitôt, d'amont en aval, par des travessões très forts, puis, la rivière se frayant un passage dans le canal obstrué de rochers semés au hasard dans son lit, descend par plusieurs rapides jusqu'à la chute principale qui est celle d'aval, chute qui mesure 3 ou 4 mètres presque à pic.

Cachoeira de Itamaracá.

L'ensemble d'Itamaracá n'a peut-être pas beaucoup moins de 10 mètres de dénivellement total, dans un canal resserré à une centaine de mètres de largeur moyenne.

C'est en amont de la Cachoeira, au coude brusque que fait le Xingú quand il va se précipiter par les travessões d'Itamaracá, que se trouvent les *pierres dessinées* d'Itamaracá. L'une, la plus grande, est une véritable page d'écriture, la plus petite ne porte que deux caractères mystérieux qui ressemblent singulièrement à des lettres, à tel point que ma première impression fut d'y voir deux initiales : un A et un T. Mais sans doute n'est-ce là qu'une ressemblance fortuite.... Par derrière la grande pierre, plus près de la rivière, se

trouverait une troisième « pierre dessinée », m'a dit mon guide, qui cependant
n'a pu me la montrer.

A la Cachoeira da Tapayuna on trouve aussi une autre *pierre dessinée*. Ses
dessins sont sensiblement les mêmes que ceux d'Itamaracá, ou du moins ont
paru ainsi aux yeux peut-être un peu indifférents du seringueiro qui me
donne ces détails. La « Pedra da Tapayuna » se trouverait, paraît-il, dans un
pedral d'accès encore plus difficile que celui d'Itamaracá, lequel est pourtant
difficile et fatigant à souhait.

La particularité la plus curieuse que présentent, pour les indigènes, ces
pierres dessinées d'Itamaracá, c'est que, lorsqu'on les frappe avec une autre
pierre, elles rendent un son qui rappelle celui de l'airain. Frappées de certaine
façon, sous certain angle, elles donnent presque le son d'une grosse cloche
que l'on toucherait légèrement avec un caillou ou le manche d'un couteau, —
particularité que j'ai parfaitement constatée sans en trouver une explication
capable de me satisfaire complètement. Ce sont les seules pierres d'Itamaracá
qui résonnent ainsi; de là, leur nom : *ita* : pierre, *maraca* : instrument de
musique sacré. La pierre de la Cachoeira da Tapayuna ne résonne pas.

Les Jurunas et les autres Indiens de la région sont absolument incapables
de donner de la signification ou de l'origine de ces hiéroglyphes la moindre
explication sensée. Ils se bornent à affirmer, d'un air entendu, que ces pierres
sont bien, à n'en pas douter, tout ce qu'eux-mêmes ont vu au monde de
plus *caruara*. Il nous faut, provisoirement, nous contenter de cette explication....

Ces dessins qui ont été, à ce qu'il semble, gravés avec quelque pointe de
granit, puis enduits, dans la rayure, d'une couleur vermillon restée jusqu'à ce
jour presque indélébile, ces dessins gravés et revêtus d'un coloris, à quels
Indiens préhistoriques, — si différents de ceux d'aujourd'hui ! — pourrait-on
bien les attribuer?

Je me souviens d'une longue causerie que j'eus un jour avec M. de Quatrefages, assez peu de temps avant la mort de l'illustre savant. Il me disait que la
question des origines américaines n'avait jamais cessé de l'intéresser et qu'elle
l'intéressait maintenant de plus en plus. Et après avoir exposé de curieux
aperçus très savants et très neufs sur les antiquités américaines, il concluait en

ROCHES DESSINÉES DU XINGÚ

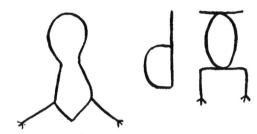

Figures de la « Caruara » en aval de l'Ile Caxinguba.

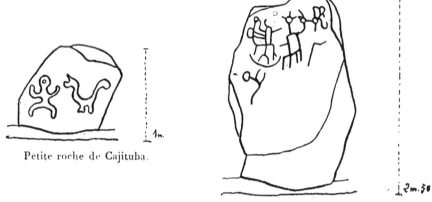

Petite roche de Cajituba.

Grosse roche de Cajituba.

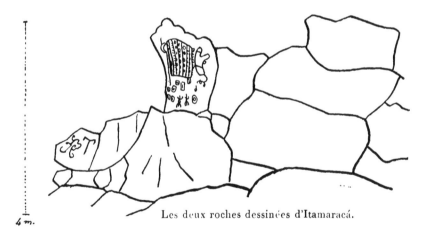

Les deux roches dessinées d'Itamaracá.

4 m.

Roche de gauche.

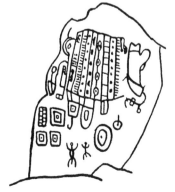

Roche de droite.

disant : « Ne vous hâtez pas de conclure! Récoltez des documents sans vous lasser. Mettez-les les uns à côté des autres sans être trop pressé de les comparer entre eux : les généralisations prématurées, les synthèses si chères aux débutants ne relèvent que de la frivole curiosité et n'ont rien de la rigueur scientifique. Posez bien les conditions du problème : l'avenir, chaque jour, le résoudra un peu ; et sans doute viendra-t-il une heure où il sera résolu complètement.... »

CHAPITRE XI

16 *octobre*. — Revenu hier soir de l'excursion aux « pierres d'Itamaracá » par l'affreux « pedral » qui sert de vestibule aux pierres sacrées. Pendant mon excursion, un seringueiro qui avait entendu les coups de rifle tirés pour demander du secours, est arrivé en ubá au pied de la cachoeira et Chico est parti avec lui à la recherche d'une embarcation plus grande capable d'emporter d'une seule fois ce qui me reste de bagages.

Nous partons ce matin avec une montaria que Chico a ramenée cette nuit.

Nous passons le petit Travessão da Maré ainsi nommé parce qu'il est, en effet, atteint par la « marée » qui le couvre complètement et va s'arrêter, impuissante, au pied de la Cachoeira d'Itamaracá dont elle baigne les basses écumes, mais où elle s'arrête enfin, redescendant de là vers le lointain Océan.

Le Travessão do Portão est le dernier d'amont en aval. A partir d'ici jusqu'à son confluent, le Xingú ne présente plus aucun obstacle à la navigation à vapeur.

Pourtant, immédiatement au-dessus du Travessão do Portão (ainsi nommé parce que le rapide se produit entre deux fortes masses de rochers à pic), ce n'est pas encore au véritable Xingú libre que l'on a affaire. Un « furo » qui vient de la Cachoeira da Tapayuna, le *Furo Tijucacuara*, débouche rive gauche ; et, rive droite, un peu en aval, c'est un autre furo, beaucoup plus important celui-là, le *Furo do Paranápucú*, qui se déverse dans le Xingú un peu en amont du confluent de l'Igarapé Cranary.

Ce Furo do Paranapucú vient du Canal Direito, lorsque celui-ci se rejette à gauche pour prendre le nom de Canal Grande. En prenant ce furo, s'il était navigable, on éviterait 3 des plus fortes cachoeiras du Xingú : Itamaracá, Cajituba et Canal Grande, — malheureusement il est impraticable l'été, parce qu'il a à peine assez d'eau pour de petites ubás, et, l'hiver, il est presque aussi périlleux que les grandes cachoeiras. Ce Paranápucú est cependant habité : on y compte déjà 6 ou 8 *barracas* avec environ 30 personnes, y compris les femmes et les enfants.

C'est un peu au-dessus de l'embouchure du Paranapucú que se trouve, à la Capuera do Candido, l'entrée, aval, de la *Picada do Dorotheu*. Cette entrée se trouvait primitivement au confluent de l'Igarapé Sacahy, mais, depuis, Dorotheu, en « redressant » sa Picada, l'amena à la Capuera do Candido.

Au nord-est de la Capuera do Candido et à l'ouest de la sortie du Parana-pucú, c'est l'Igarapé do Cranary formant, à son confluent, le Furo do Cunuhy.

Nous allons contre marée, contemplant à loisir ce Xingú forcené devenu enfin si placide ! d'héroïque et fou que nous l'avons connu pendant plus de trois mois !

Les seringueiros ont envahi la région. D'Itamaracá au Tucuruhy on en trouve partout. Seulement dans ce petit Igarapé do Limão que nous venons de passer, rive droite, ils sont 7 ou 8.

La chaleur est accablante : nous sommes au milieu de la Bahia do Tubarão, large épanchement du Xingú qui n'a là que peu de fond en dehors du chenal.

Elle est couchée au fond de la montaria, grelottant de fièvre sous le soleil brûlant.

Enfin, sur les cinq heures du soir, nous arrivons à Juraná, terminus actuel de la navigation à vapeur, au barracão de Dona Francisca Galvão, une des toutes premières personnalités du Xingú, femme de volonté et d'intelligence, dont le spécimen n'existe malheureusement pas à un assez grand nombre

d'exemplaires dans ces sertões amazonicos[1]. C'est chez cette même Dona Francisca que nous avons été reçus à Porto de Moz, le 2 juin dernier.

Je remets ma malade aux mains de l'excellente dame dont la longue pratique
du Xingú, la grande expérience des maladies du sertão et aussi les connais-
sances médicales me sont un sûr garant de prochaines améliorations dans
l'état de santé de celle qui, véritablement, — je puis bien le dire maintenant,
— revient de loin…. J'avoue que j'ai eu peur parfois, pendant ce voyage;
mais maintenant tous les périls sont conjurés!

17. — Toutefois, cette nuit, la fièvre est encore venue, courte mais forte.
Après quoi la nuit a été reposante.

20. — Ce soir, sur les 3 heures, le *Trombetas*, de la maison Jota de Souza,
quitte le barracão de Dona Francisca pour accomplir son voyage de retour par
le Jary.

Nous passons en face du Júa dont nous ne distinguons pas l'embouchure,
la rive étant maintenant cachée par un orage qui paraît même remonter le Júa
inférieur.

Le Júa, à l'embouchure, est, dit-on, de la force du Tucuruhy entre Josésinho
et Victoria. Cependant le cours du Júa est beaucoup moins étendu que celui
du Tucuruhy ce qu'explique suffisamment cette particularité que le Júa est une
rivière triple formée du Repartimento do Norte qui est l'Ypitanga, du Repartimento do Centro qui passe au Sitio do Meio, et du Repartimento do Sul qui
vient des environs de la Cachoeira da Balaia et que l'on croit être un furo sou-
terrain sorti de cette cachoeira.

Sur les 6 heures, nous sommes, après plusieurs arrêts au barracão de Josésinho, à l'embouchure du Tucuruhy. Le barracão de Josésinho, un peu quelconque mais pourtant avec trapiche, est le point où s'arrête la marchandise du
Xingú passant par l'Estrada Publica. Le Tucuruhy n'a de l'eau, pour un vapeur
de 200 ou 300 tonnes, que pendant les mois d'hiver. Il serait plus normal
d'avoir l'escale certaine à Josésinho, à l'embouchure du Tucuruhy, et de
charger une lancha d'un service complémentaire bi-mensuel jusqu'à Victoria
et Cachoeira dos Pilões.

---

1. *Sertão* ou *certão* : la partie non peuplée ou la moins peuplée d'une région.

Avant de quitter ce Tucuhury, peut-être pour longtemps, — transcrivons ici les dernières notes prises sur le haut bassin de cette rivière.

— Ceux qui ont pratiqué le Tucuruhy connaissent un igarapé appelé Repartição qui donne ses eaux en même temps au Tucuruhy et à l'Ambé. Le Tucuruhy au-dessus du confluent de l'Alagado ne serait qu'un ruisseau, Repartição serait une rivière plus importante *se dédoublant* pour se déverser d'un côté dans le Tucuruhy, de l'autre dans l'Ambé. Le Tucuruhy et l'Ambé feraient comme les deux côtés du delta de cette « Repartição ». Cette « Repartição » serait large, de peu de fond, et présenterait assez les caractères généraux de l'Ambé. Du côté du Tucuruhy la « Repartição » serait difficilement accessible aux igarités à cause de la Cachoeira du Tucuruhy au village de Cachoeira et de celle du Tucuruhy Velho. Par l'Ambé on atteint la « Repartição » sans rencontrer de cachoeiras, mais l'Ambé au-dessus de Ambé-Villa est un peu sec et actuellement obstrué d'arbres tombés. De Tucuruhy Velho au confluent du Alagado il y aurait un jour de montée; du confluent du Alagado au confluent de la « Repartição » avec le Tucuhury, 1 jour 1/2 de montée, soit environ 2 jours au-dessus de la Cachoeira qui est tout de suite en amont de Tucuruhy Velho.

Au-dessus du confluent de l'Alagado, le Tucuruhy n'est déjà plus qu'un petit igarapé de la force de la « Repartição »; en réalité l'Alagado peut être considéré plus que comme un affluent du Tucuruhy : c'est peut-être son formateur principal....

Pour ce qui est de l'Ambé, au-dessus de Ambé-Villa, il est, dans l'état actuel, innavigable même pour fortes montarias. Sans doute il faudrait un très sérieux nettoyage pour que des igarités moyennes puissent remonter jusqu'au confluent du *Bras sud de la « Repartição »*.... Les explorateurs de la « Repartição » mirent 10 jours, cheminant le long de l'Ambé, pour arriver du confluent du Bras sud de la Repartição jusqu'à Ambé-Villa. Toutefois leur marche lente ne permet guère d'évaluer à plus de 20 kilomètres en ligne droite la distance qui sépare Ambé-Villa du confluent de l'Ambé et du Bras sud de la « Repartição ». Jusqu'à ce confluent, l'Ambé conserverait, paraît-il, la même largeur que celle qu'il a à Péqueá et à Ambé-Villa, et d'Ambé-Villa au confluent de la « Repartição » il traverserait des régions marécageuses de même que dans son cours inférieur.

L'île Tucuruhy-Repartição pourrait peut-être se voir utilisée pour la navigation du Alto Xingú. Il n'y aurait comme obstacles les plus saillants, que la Cachoeira do Villagem et la Cachoeira do Tucuruhy Velho.... C'est là encore une curieuse particularité géographique qui mériterait une exploration.

21 *octobre*. — Je puis considérer que ma Mission prend fin au confluent du Tucuruhy. Les rivières naviguées à la vapeur ne sont pas de mon ressort.

J'aspire ardemment après Pará. A Pará, en peu de jours, ce sera la santé pour elle, que le Xingú a si peu ménagée!...

Je me sens moi-même en assez mauvais état. Nous nous traiterons, elle, en établissant sa carte au 100,000ᵉ, moi, en rédigeant le *Voyage*.

Quand serons-nous à Pará!... Mais ce vapeur, d'une marche d'ailleurs modeste, s'arrête à tous les seringueiros pour charger leur caoutchouc!

26 *octobre*. — Minuit. Pará!

CHAPITRE XII

Conclusions.

Le Xingú Paraense, du Tucuruhy à la Pedra Secca, présente une caractéristique dominante devant laquelle s'effacent toutes les vues de détail : le Xingú est une rivière difficile.

Pour le seringueiro qui veut aller travailler ses nombreux seringaes encore vierges, pour le colon qui voudrait s'assurer l'indépendance et essayer d'initier une fortune en faisant de l'agriculture dans une région où personne encore n'a pensé à en faire, des obstacles — à quoi servirait de le dissimuler? — des obstacles sérieux se présentent tout d'abord.

Je n'entends point parler de ces obstacles un peu « abstraits » que l'on essaye de concréter sous des rubriques vagues : ... *une rivière très fiévreuse...*, ... *une région mal habitée...*, ... *un endroit où personne n'est jamais arrivé à rien....* — Ce sont là calomnies de découragés insultant la terre où, pour quelque raison que ce soit, leur travail n'a pas prospéré.

Mais il est des obstacles parfaitement bien caractérisés, visibles, palpables, que tous les intéressés connaissent, mais qu'il est, fort heureusement du pouvoir de l'État de supprimer d'une façon à peu près complète.

Le premier que l'on rencontre de ces obstacles, et le plus redoutable, est celui-ci : le Xingú est une rivière a péage.

Car en dépit de l'époque cette anomalie subsiste. Un ensemble de circonstances spéciales peut faire que tout le développement d'une vaste région, tout

21

le progrès, tout l'intérêt général d'une province ait pour baromètre, pour régulateur et pour frein l'appétence au lucre de tel intérêt particulier.

Si le rôle de l'État est de protéger l'intérêt général contre la tyrannie de l'intérêt particulier, il est des cas, véritablement, où l'accomplissement de cette tâche ne saurait souffrir aucun retard : c'est lorsque l'État commence à prendre conscience qu'il a bénévolement abdiqué son droit en même temps que son devoir en délaissant un sien instrument gratuit de prospérité générale pour faire bénéficier de son tacite désistement le concurrent qui n'a pour mobile, pour fin, pour foi, qu'un lucre immédiat et quand même.

Il faut assurer la rapidité et la gratuité des communications entre le Xingú des Cachoeiras, par delà la grande Volte d'aval.

L'intérêt privé traite de ses affaires avec plus de diligence lorsqu'il s'en charge lui-même que lorsqu'il est obligé d'attendre les bons offices d'une entre prise particulière dont les vues ne sont pas les mêmes que les siennes.

Et il y a incontestablement économie pour toute une population qui doit fatalement transiter par certain passage, quand cette population peut profiter d'un chemin dont tout le monde peut se servir sans autorisation ni redevance, — au lieu d'attendre avec plus ou moins de patience et de perte de temps que le tour de chacun soit venu de payer, chez le voisin, le prix du passage avec le droit de passer qui y est virtuellement inclus.

L'État, qui doit être partout le guide et le protecteur des faibles, leur assurera ici, au Xingú, la viabilité et la gratuité du vieux Chemin public qu'il améliorera ; il assurera aussi la viabilité des deux igarapés que relie le chemin public en veillant à l'amélioration et à l'entretien de celui qui va vers le haut de la rivière et en faisant parcourir par une lancha à vapeur celui qui prolonge encore quelque peu le cours du Xingú navigable. — Tout cela se fera indubitablement un jour ; — question de temps.

*
* *

Je ne sais si le rôle de l'État peut être comparé à celui d'un chef de famille,... d'un chef de famille qui souvent se croit obligé à de spéciales condescendances en faveur de ceux de ses enfants moins favorisés de la nature.... Auquel cas, lorsque l'État Paraense distribuera aux fleuves affluents du Rio Mar et à leurs innombrables rivières la manne fécondante de l'immigration, que le Xingú soit traité avec quelque générosité. Il est là, d'ailleurs, des deux côtés du vieux Chemin public, des terrains fertiles et salubres, — au nombre des plus fertiles et des plus salubres qui soient en Amazonie, — et à en juger les résultats qu'y a déjà obtenus l'initiative privée, il n'est pas douteux que l'État n'aurait pas de peine à faire prospérer là un centre colonial d'une assez grande importance.

*\
* *

Étant donné l'état d'incroyable « inconnaissance » dans lequel on est resté, jusqu'à ces dernières années, à l'endroit du Xingú — dont la première carte scientifique ne date que de dix ans ! — il ne sera pas hors de propos de rappeler que si, aujourd'hui, le cours même du Xingú est connu, on ne sait que bien peu de choses de son bassin.

Des affluents qui sont de grandes rivières, l'Iriri, le Pacajá Grande, le Rio Fresco, n'ont jamais eu les honneurs du plus modeste levé à la boussole. Des problèmes géographiques tels que la communication permanente, ininterrompue pour ubás, entre l'Iriri et le Juamaxins par le Curuá d'Iriri, non seulement ne sont pas encore résolus, mais encore il serait même beaucoup plus exact de dire que c'est seulement d'aujourd'hui qu'ils commencent à se poser.

Le mystère qui entoure les tribus indiennes de l'intérieur commence-t-il à se dissiper? Que sait-on des Assurinis ou Veados, des Achipayes, des Araras, des Curuayes?

Si on se donne la peine de consulter quelques-unes des meilleures cartes du Brésil, ou les meilleurs de nos grands Atlas modernes, Hachette ou Stieler par exemple, on est un peu étonné de voir que du Xingú au Tocantins-Araguaya et du Xingú au Tapajoz, TOUT soit marqué en pointillé, c'est-à-dire indiqué comme inexploré.... Ce Pará si prospère, ce Pará déjà si riche, est pourtant en plus grande partie un Pará *incognito*. Cette belle capitale débordante de vie, d'activité, d'esprit, de progrès, s'élève au sein d'un Empire de forêts vierges. De grandes rivières qui n'ont pas de nom ou dont le nom primitif est oublié ou discuté s'en vont à travers l'immense solitude..., elles ne semblent couler que pour être contemplées par les mystérieuses silhouettes que d'inexplicables Indiens très anciens ont gravées sur des rochers sombres près du tumulte des cataractes. La capitale fait des expériences de lumière électrique comparées et, de la capitale au Xingú, de la capitale au Tapajoz, coupant en ligne droite, le voyageur, encore impressionné par toute la lumière et tout le bruit de la grande cité amazonienne, ira, ira toujours, passant rivières et ruisseaux, plaines et montagnes, sans sortir de l'ombre et du silence, qui, depuis l'origine des âges, ont présidé aux destinées de l'Enfant-Géant qui s'éveille....

DEUXIÈME PARTIE

APPENDICE

DIALECTES INDIGÈNES

DIALECTE JURUNA

I. — ÉLÉMENTS

Ciel.	Cachimboué.
Nuage.	Capou-in.
Brouillard.	Afou achi.
Vent	Macassou.
Grand vent	Macassou laou.
Brise	Macassou chichi.
Le temps est couvert	Capougnan boué.
Soleil.	Couadé.
Le soleil est chaud.	Couadé ouadé.
Avant le lever du soleil	Ca-o-oué.
Le lever du soleil.	Caatié-décé-oué.
De bon matin	Caapa-in-ago.
Midi	Couadé chichou.
Trois heures.	Caata-dié.
Le soir	Caata déta.
Coucher du soleil.	Couadé-é-o.
La nuit.	Camandé ou.

L'ombre.	Capouitiaga.
L'obscurité.	Capouignan.
Lune	Mandéga.
Pleine lune.	Mandéga péto.
Quand la lune se montre.	Mandéga pacoupa.
Étoile.	Animbé.
Étoile filante.	Animbé amanto boué boué.
Croix du Sud	Béloubia.
Voie lactée	Foula-ba-a.
Comète	Canambari.
Été.	Facou.
Commencement de l'été	Amanan téon.
Hiver.	Té-é.
Pluie	Mana.
Arc-en-ciel	É-ou-an.
Humidité	Couaco.
Il fait froid	Moué tonan couaco.
Rouille	I-ouna.
Froid	Couacouna.
Je vais à l'ombre.	Capouitiaga bénaétia.
Éclair.	Napipa.
Tonnerre	Amanaé-a.
Ciel orageux.	Nané-oué.
Terre.	Ipoui-ya.
Sable.	Ita.
Poussière	Ipoué apoupouna.
Pierre.	Couapa.
Roche.	Couapa ouracou.
Cailloux.	Couapa couroupa.
Fer	Pouta aza.
Or	Piouma.
Argent	Aouin.
Savane	I-oua.
Montagne	Ti-oua.
Chaîne de montagnes.	Ti-oua décan.
Colline	Ti-oua chichi.
Sommet	Aposa.
Pic.	Maouin.
Ballon.	Abouloui acara.
Monter une montagne	Ipa ti-oua.
Descendre une montagne	Tiana bou-ou

Forêt.	Ca-a.
Forêt basse	Ca-a-chi. Poin-i-ri.
Eau.	Ya.
Sel.	Youcoudé.
Lac.	Coua-acara.
Marais	Ya-téon micari.
Vase	Poumé cara.
Ruisseau.	Yatamboué.
Rivière	Yabé-eh.
Rivière à eau blanche.	Ya-ouin.
Rivière à eau noire.	Ya tiniqui.
Source	I-ya-pamanga.
Confluent	Iouti-yaga.
En amont.	Touaya.
En aval	Pouaya.
Bouche d'un fleuve	Ya-aya.
Fort courant.	Apouza mouitingne.
Faible courant	China mouitingne.
Cachoeira	Ifou.
Saut	Yalifoudala pala.
Bruit des eaux.	I-fouto.
Ile	Yacana.
Ile petite	Pacana chichi.
Dégrad	Bapa.
Feu.	Achi.
Cendres.	Poca.
Tison.	Achi tiouchi.
Charbon.	Achi moucourououa.
Flamme.	Achioun.
Fumée	Chichian.
Écho	Camémé somma.
Air.	Tia-ago.
Rosée.	Capou ouin ouin.

II. — HOMME, FAMILLE, VIE SOCIALE, ETC.

Homme	Sénapou.
Femme	Idia.
Nouveau-né	Ari pacopa.

Nourrisson	Ari chichi.
Jeune.	Paraou.
Vieux.	Adoulio.
Femme qui quitte un homme et va avec un autre.	Dibimaïque.
Fiancée.	Ouaye-ouayaïta.
Fiancé	Mianza ita.
Mon mari.	Ména.
Ma femme.	I-oué.
Veuve.	Pouman-a.
Veuf	I-oua i-an.
Père	Oupan.
Mère.	Dian.
Grand-père	Ama.
Grand'mère	A-aye.
Orphelin	Toupatéj'an.
Mon fils ⎱ pour une femme.	⎰ Mamboua.
Ma fille ⎰	⎱ Mamboua.
Mon fils ⎱ pour un homme.	⎰ Yapougana.
Ma fille ⎰	⎱ Taya.
Mes enfants	Aboué ari pina.
Petits enfants	Mikan.
Frère.	Adidia.
La sœur appelle son frère	Ouadidia.
Le frère appelle sa sœur.	Ouaimbi.
Un frère aîné	Ouyapa.
Un frère plus jeune.	Nanan iza.
Sœur.	Aïmbi.
Oncle.	Opanana.
Tante.	Ouassé.
Neveu.	Oudzala.
Nièce.	Izaza inouma.
Comadre (commère)	Inouma.
Beau-père (padraste)	Itoupassé.
Belle-mère (madraste).	Idiassé.
Ami	Ouma.
Camarade	Ouapa.
Village	Ougnam-ma.
Village abandonné	Couassa i-oua.
Village neuf	Couassa i-pacoupa.
Abatis neuf	Coua-ipa-coupa.

Abatis vieux.	Couaou i ya.
Chemin.	Bapa.
Indien	Tana.
Indien blanc.	Tana aouin.
Indien joli.	Tana bitéou.
Indien foncé	Tiniqui mepouin.
Indiens bravos.	Imantépouin.
Indiens mansos	Ouanbi-i.
Juruna	Ouadi.
Arara.	Achipa.
Mundurucu	Calouria.
Caraja.	Tiocapamin.
Suya	Intolao.
Veado (Assurini)	Sourini.
Un blanc	Aouin.
Un nègre	Tiniqui.
Étranger	Machi-oui.
Chef de village.	Tchâu.
Chef de tout le pays.	Mémin.
Serviteur	Ana-té.
Travailleur	Coupeli.
Ennemis.	Mamitouma.
Alliés.	Ou-oui.
Faire la guerre.	Abaga ada.
Victorieux.	Ouanri apatia.
Vaincu	Dian no.
Prisonnier.	Pouidé oté.
Faire la paix.	Za foua.
Dieu	Ipa yarabato.
Piaye.	Izi ipa.
Paroles du piaye	Izi ipa pina cameno.
Remède.	Ouapa.
Il est mort.	I-an.
Cimetière	Cata-ride.
Enterrement.	Lipo-opou.
Aller chercher les ossements	Ipanké miana.
Nom	Iroua.
Il n'a pas de nom.	Tépan iza.
Langage.	Camemo.
Dessin	Ououli.
Portrait.	Ampa.

Peintures sur le corps.	Loupa chiou.
Payement	Iboua.
Fête	Carigada.
Chants	Abouya.
Danses	Cariya.
Musique.	Assossodé.
Homme à bonne fortune.	Youbitao.
Prostituée	Ahazo.

III. — PARTIES DU CORPS, MALADIES

Corps.	Séouadé.
Chair.	Ouatiouadé.
Sueur.	Coupelino.
Graisse.	Icaoune.
Os	Panca.
Sang	Péto.
Veines	Saouna.
Nerfs.	Acarouimangue.
Pouls.	Santioni.
Tête	Taba.
Cheveux.	Tabaçan.
Crâne.	Sacan.
Cervelle.	Sanéman.
Cheveux laineux	Tabatian.
Cheveux bouclés	Taba ouananri.
Visage.	Tapoussa.
Front.	Satoupian.
Tempes	Satououa.
Sourcils.	Tanancan.
Cils.	Sa-inta.
OEil.	Si-a.
Paupière.	Si-a-issa.
Peau au-dessous des paupières.	Sa-a ouapi.
Larmes	Si aïtia.
Nez.	Sian.
Narines	Sian coua.
Oreilles.	Napiouca
Joues.	Sayatia.
Morve.	Taboulita.

Bouche	Sica chimboui.
Lèvres	Sita.
Langue	Sicouan.
Salive	Sicourité.
Dents	Sayan.
Gencives	Sayantia.
Menton	Sénanpoa.
Barbe	Poutao.
Moustaches	Agnon.
Poil	Simbouibitaa.
Cou	Sioun.
Gosier	Séouric.
Entrailles	Sémion.
Épaules	Soudourouça.
Aisselle	Sinimboué.
Bras	Saaboui.
Coude (dedans)	Ouamé.
Coude (dehors)	Simanti.
Poignet	Sioua lapica.
Main	Sioua.
Paume de la main	Sioucouroupa.
Les phalanges	Siouloua pipiou.
Pouce	Siouarapoupou.
Index	Siouaditian.
Majeur	Siouachipate.
Annulaire	Siouadidia.
Auriculaire	Siouachi.
Ongles	Souan.
Poitrine	Sipadia.
Sein	Sinama.
Lait de femme	Sinamouitia.
Côtes	Soui-i.
Cœur	Sioui nocapa.
Poumons	Mantia.
Foie	Ibouya.
Ventre	Siouaneza.
Nombril	Simouri.
Urine	Carouka.
Matrice	Ouata.
Verge	'Ha 'ha.
Testicules	Dialéha.

Femme grasse	Iniambouéou.
Accouchement	Matiou.
Dos.	Sabi.
Colonne vertébrale	Combelinka.
Hanches.	Oupa.
Reins.	Souana.
Fesses.	Souchibia.
Excréments	Ouna.
Cuisse.	Soucoua raga.
Genou.	Séma-an.
Jambe	Séquinza.
Mollet.	Séquin ouabi.
Tibia	Sécondi pancan.
Cheville.	Soarouin-a.
Pied	Soubouidapa.
Talon.	Soubouitoua.
Orteils	Soumarancha.
Plante des pieds	Soubouiapadia.
Aveugle.	Sé-a-on.
Blessure.	Couroubichi oura pou pou.
Boiteux	Maroun.
Cauchemar.	É-i-zou.
Convalescence	Pouinatia.
Crampe	Coumalé malé.
Diarrhée.	Mami mami.
Écorchures	Couroubichi.
Boutons.	Ibouï.
Fièvre.	Acou-ou.
Hydropisie.	Iboui iboui.
Inflammation	Iboui atio ou.
Ivresse	Alifou.
Maladie	Cané ouadio.
Rhume de poitrine	Séa ouin.
Rhume de cerveau	Siagoua péto.
Sommeil.	I-you.
Mal à la tête.	Taba ouadé.
Toux	Isou iso.
Vomissement.	Inan inan.
Hoquet	Técon.
Pet	Ayon yon.
Rot.	Camourou.

IV. — ALIMENTATION, HABITATION, USTENSILES

Chasseur.	Caabé ti yo-oui.
Piste .	Bouida-a.
Terrier .	Icoua.
Pêcheur.	Kioutia.
Poisson .	Pitia.
Barrage.	Ipi.
Hameçon	Pina.
Ligne.	Piné inama.
Amorce.	I-outa-a.
Canot.	Pouiza.
Grand canot.	Pouiza raou.
Braie.	Arindéga.
Pagaye	Couita payan oui intiade.
Jacouman	Couita payan pouika.
Banc du canot	pouicabella.
Patron	Ouanpouicou.
Homme de l'avant.	Ianoui ouatiadé.
Roça .	Coua.
Vivres	Canémé.
Manioc .	Mayaca.
Râpe à manioc	Maya camamboui.
Couleuvre	Cami ama.
Cassave.	Parou.
Chibé (farine délayée).	Assa itoura.
Tapioca.	Magnan couma.
Bouillie de bananes.	Pacaoui yacouba
Bouillie de tapioca	Tapoui aca.
Cachiri de tapioca	Coudou coudou.
Cachiri de maïs.	Macachi maritia.
Omani	Pitio.
Jus de canne.	Paapa aouitia.
Maison	Aca.
Carbet	Aca pouama.
Poteau de la case.	Aca ipanga.
Feuilles qui recouvrent la case	Aca oua.
Traverses qui soutiennent les feuilles	Paquiliria.
Banc	Pouicapa.

Petit banc ouvragé	Oubri.
Natte	Babarou.
Balai	Pouiama.
Foyer.	Achi pouma.
Bois à brûler	Achi.
Souffle-feu.	Sou sou.
Bancan	Ca-i-apa.
Lumière d'un flambeau	Mandéga tiliri.
Marmite en terre.	Ouan ima.
Marmite en fer.	Ouan-i.
Bouillon.	Apétia.
Platine pour farine.	Ounaman.
Assiettes des Indiens	Inaoua.
Cuiller.	Couyada.
Tamis.	Afou-a.
Mortier	I-an.
Pilon	Atoupa.
Calebasse	Cha.
Jarre.	Yaoua.
Bouchon	Coupenapa.
Panier	Sasala.
Coffre.	Parou níambé.
Coton.	Macoua.
Fil de coton.	Aouin-oua.
Corde.	Inaman.
Nœud.	Iniouton.
Tangue	Fouca.
Hamac	Aïmbata.
Rabans	Aboui.
Écharpe pour porter les enfants.	Iouta.
Jarretière	Iouanrata.
Bracelet.	Ianadia.
Bâton.	Ipa.
Casse-tête.	Paquiri.
Arc.	Tiouca-ampa.
Flèche	Ké-an.
Bois de flèche	Coumaripa.
Bec de flèche en fer.	Couapa gnambira.
Roseau de flèche.	Qui an.
Corde d'arc	Tioca inaman.
Plumes de la flèche.	O-ampa.

Bec de flèche . . . .   Yan cha.
Hache . . . .   Ipouta-a.
Pierre à aiguiser . . . .   Ca anca.
Peigne indien . . . .   Pinapa.
Coiffure de plumes . . . .   Apouiza.
Collier de perles . . . .   Ouliadé.
Flùte . . . .   Panri.
Cigare . . . .   Saa sacou.
Son enveloppe . . . .   Taouari.
Tabac . . . .   Pouitima.

V. — MARCHANDISES EUROPÉENNES

Aiguille . . . .   Aoui.
Bague . . . .   Béa.
Chapeau . . . .   Apouzá.
Ciseaux . . . .   Kéképa.
Couteau . . . .   Couapa.
Manche de couteau . . . .   Médipa.
Petit couteau . . . .   Couapa chichi.
Fusil . . . .   Acapa.
Hache . . . .   Pouétapa.
Harpon . . . .   Tooka.
Malle . . . .   Papata.
Miroir . . . .   Sandotoa.
Peigne . . . .   Pinapa.
Perles . . . .   Camema.
Plomb . . . .   Gnon boote.
Poudre . . . .   Acacoui.
Sabre . . . .   Mandipa.
Grosses perles . . . .   Camema lopé lopé.

VI. — QUADRUPÈDES

Mâle . . . .   Sénapou.
Femelle . . . .   Idia.
Les petits . . . .   Mambouya.
Poil . . . .   Bítaa.
Patte . . . .   Iqui.

Queue.	Iouata.
Agouti	Couï.
Bœuf	Afoua roupoupou.
Capiouare	Ata.
Biche.	Afoua.
Chat	Pichanda.
Chat-tigre.	Apou chichi.
Chien.	Apouy.
Cochon sauvage.	Fouya.
Loutre	Popopa.
Pak.	Bahé.
Rat.	Couou.
Sapajou.	Camatenon.
Singe jaune	Cariman.
Singe rouge	Ouara.
Son hurlement	Abouya.
Macaque.	Pérouman.
Couata	Amian.
Tamanoir	Amouin.
Tapir.	Ton-a.
Tatou.	Dou-a.
Tigre.	Apoumame.
Son rugissement	I-a.
Petit porc	Oudou.

VII. — OISEAUX

Ailes	Péounki.
Plumes	Péouas.
Bec.	Ian.
Patte	Iqui.
Empreinte.	Bouida-a.
Œuf	Ouba.
Nid.	Atia.
Agami.	Caïounri.
Aigrette.	Mintin.
Ara bleu.	Tiaraoua.
Ara rouge.	Ouraoui.
Canard	Yanambé.
Mergouillon	Patiaoua.

Charpentier	Ouari.
Chauve-souris	Iaha.
Coq.	Tianki.
Poule.	Tiariba.
Crête.	Antonou.
Ergot.	Maranchan.
Héron.	Coocoo.
Hirondelle.	Ouno.
Hocco.	Zafou.
Maraye	Taroucaoua.
Martin-pêcheur.	Adoura.
Honoré	A-ia.
Pagani	Toma maca.
Perdrix	Antouna.
Perroquet	Couricouri.
Perruche	Daou.
Ramier	Apouka.
Toucan	Yanda dahi.
Urubu.	Afoo.
Urubu-roi	Nouroucouï.
Gaïvotte.	Anou.
Courouge	Acanou.
Cigane.	Cacacayou.

VIII. — POISSONS

Poisson	Pitia.
Œuf de poisson	Pitiabia.
Arête.	Macourou.
Petits poissons.	Pitia mambia.
Poisson boucané	Pitia ouca-i.
Poisson aiguille.	Anoubara.
Aymara	Piti.
Coumarou	Couroubitié.
Courimata.	Aridou-i.
Crabe.	Ou-a.
Crevette.	Yacouanti.
Cuirassier	Ouroutia.
Pacou.	Pacouï.
Pirague	Panki.

Raie	Tzaou.
Souroubi	Douroupi.
Pirarare.	Tiatiari.
Barbe-plate	Mandoupé.
Matrichon.	Bioué.
Pescade.	Panri.
Jaudia.	Aol-é.

IX. — REPTILES, BATRACIENS

Serpent	Chouta.
Venin.	Ococopa.
Boa.	Touan.
Caïman	Niacaré.
Corail.	Ourou kinana.
Chenille.	Courouman.
Crapaud.	Coradada.
Grenouille.	Pa-zou.
Iguane	Camambari.
Lézard	Niacouroupa.
Scorpion	Ioué.
Serpent liane	Can namia chouta.
Tortue de terre.	Tacourari.
Tracaja	Foué.
Tartarouga.	Fouébéra.
Ver macaque.	Adaga.
Ver du poisson.	Pitia chouta.
Ver de viande	Atia chouta.

X. — INSECTES

Abeille	Paoua.
Miel	Aou za.
Cire.	Cadéga.
Araignée.	Chian.
Cancrelat	Patiarou.
Chique	Poura.
Fourmi manioc.	Ida.
Tocandère	Anambi.

Fourmi de feu	Oudipa ouadé ouadé.
Tracoua.	Quelia.
Guêpe.	Capa.
Moustique.	Couïn.
Bourrachoude	Anounou.
Carapana	Pounli.
Pião	Mapoui.
Mouche	Honhonron.
Papillon.	Nasousou.
Demoiselle.	Péoua péoua.
Pou.	Kipa.
Tique.	Coupari.
Moutouc.	Nantéga.
Moucouc.	Coupari assourini.

XI. — ARBRES

Arbre.	Ipaï tariou.
Racines.	Ipaou ari-an.
Tronc.	Ipa-i.
Moelle	Anéman.
Écorce	Ipa-iça.
Branches	Ipa abri.
Arcabas.	Nachandéra.
Feuilles.	Oupa.
Fleur.	Ipabatia.
Fruit	Ipa-ya.
Graine	Iboua.
Huile.	Ou-an.
Épine.	Moucourou.
Arbre à encens.	Tiouboupa.
Arbre à résine.	Outa.
Acajou	Accayou ipanki[1].
Cacaotier	Taouari-a.
Calebassier	Iquin-za.
Copahu	Ifoua itia-itia.
Fromager	Moupa.
Génipa	Machiapa.

1. *Ipanki* : L'arbre du....

Mombin.	Acata ipanki.
Palmier.	Arinpa ipanki.
Panacoco	Apipa.
Pinot	Nanacoura.
Goyavier	Arapoupa ipanki.
Touca.	Inan ipanki.
Maripa	Oucha.
Quinquina.	Couta aza.
Capou.	Amoupa.
Bacabe	Mananta.

XII. — ARBUSTES, PLANTES, ETC.

Arroumau	Ifou-a.
Bois canon.	Aoupa.
Canne à sucre	Pô apôa.
Cra manioc	É-épa.
Giraumon	Couroua.
Igname	Aoua-a.
Liane.	Foua.
Timbô.	Ota.
Maïs	Macati.
Batate.	Anton.
Roucouyer.	Macapa.
Tabac.	Poutima ipanki.
Cara	Cari.
Manioc	Mayaca.

XIII. — FRUITS

Ananas	Outou.
Banane	Pacoa.
Citron.	Arimon.
Goyave	Aroupoupa pouyaya.
Haricot	Pouyou.
Papaye	Gnanpoin, gnanpoin.
Piment	A-i.
Pomme cajou.	Acayou oupa.
Pomme cajou petite.	Batia.

Murucuja . . . .   Poubouin.

Mombin. . . . .   Acata.

Goyave . . . .   Arapoupa.

XIV. — NUMÉRATION

Un . . . .   Mimin.

Deux . . . .   Quinanon.

Beaucoup . . . .   Abouni.

Une grande quantité . . . . ⎰ Tiobou.
⎱ Arachidi.

XV. — PRONOMS

Je, me, moi . . . .   Ouna.

Ceci est à moi . . . .   Oumé cadan.

Mon bras . . . .   Oua boui.

Mon hamac . . . .   Ignan an.

Mon canot. . . . .   Mé pouza.

Mon chien. . . . .   Oumé apoui.

Tu, te, toi. . . . .   Ina.

Ton couteau . . . .   Imé couapa.

Ton mari . . . .   Imé ména.

Ta femme . . . .   Ioué imé.

Ton chien . . . .   Imé apoui.

Ton canot. . . . .   Béda pouza.

Il, lui. . . . .   Afoudi.

La rède de lui . . . .   Tanan yampa.

Le bras de lui . . . .   Tanan aboui.

Le couteau de lui. . . . .   Afoudi couapa.

Nous . . . .   Si.

Nous retournons . . . .   Si béchou.

Qui est-ce. . . . .   Mané.

Quel est son nom? . . . .   Apaneza?

Notre eherimbô. . . . .   Si maca.

XVI. — PRÉPOSITIONS

Dans le chemin.	Bapa-bi.
Dans l'eau.	Ya-pé.
Dans le coin.	Cha pé ao.
Dans le hamac	Mango nantia.
Par terre	Pédé nachitou.
Dans le canot	Pouza éou.
Dans la case.	Acapé.
Allons par en bas.	Tiassi pouyaya.
Je viens de Pará	Pará bi naoué.
Je viens de laver	Foucaïdiga nantía.
Sur la maison	Aca bidé aou.
Sur la pierre.	(Canémana couapadia aou).
Sur la montagne	Tioua poussadé aou.
Viens avec moi.	Tiassi.
Va avec lui.	Tiaoubi.
Je vais avec toi.	Tiana zoubi.

XVII. — ADVERBES

Oui.	Oumba.
Non	Pongue.
Ici	A-i aour.
Là-bas	Pagnan-é ouaou.
Pas ici	Téon a-i.
Là	Aou.
Par devant.	Taba aou.
Par derrière.	Chimbi á-á.
Près de moi	Anambé tiga.
Dedans la maison.	Àca é aou.
Dehors	Can zi bétiou.
Aujourd'hui	Manchi.
Demain	Coacadé.
Hier	Caïmbi.
Longtemps.	Couraye.
Bientôt	Tégédé demantia.
Le plus vite possible.	Patena.
Lentement.	Poudaga.

Beaucoup	Tioubou.
Assez.	Soupa.
Un peu	Chi-ïn ago.
Combien?	Abouni?
C'est la même chose.	Amamané.
C'est ainsi	Yazo.
Où est-il.	Afoudayou.
Où vas-tu	Afoudi natia.

XVIII. — CONJONCTIONS

Aussi.	Ana-é.
Pourquoi	Apa-adi.
Quand vas-tu faire cela	Azou nidadé ina carigaté.
Exclamation de surprise.	Idétou.
Exclamation de douleur	Assa-a-a.

XIX. — ADJECTIFS ET PARTICIPES

Maladroit	Miton.
Adroit.	Mita.
Maladroit chasseur	Idépougou.
Qui ne rapporte ni chasse ni pêche	Panème.
Aigre.	Ichadé.
Amère	Itiaou.
Aqueux	Mican-ni.
Assis	Abougou.
Audacieux.	Mantéjan.
Bas.	Pounri.
Bavard	Icamena itiarou.
Joli.	Bitéou.
Blanc	Aouin.
Bleu	Aquizou.
Rouge.	Sourini.
Noir	Tiniqui.
Jaune.	I-i-oumpi.
Bon.	É-é.
Merci.	Sipa inda.
C'est bon à manger?.	Ouambi?
Boucané.	Ca-i.

Fermé.	Cabon.
Pas causeur	Camena capouta.
Chaud.	Acou-ou.
Content.	Manséouna.
Mécontent.	Mouyon.
Chauve	Tabarilou.
Couché	Mangou.
Court.	Donri.
Debout	Mossou.
Droit	Chi-fou.
Mou	Micari.
Enflé	Iboui.
Enroué	O-cho.
Enroulé.	Biou-cou.
Épais.	Tiou-oui.
Fendu.	Zoudiago.
Fatigué	Copori.
Fin.	Ou-ïn.
Fort	Ouan-i-rou.
Faible.	Dian-nri.
Piment fort.	Adé.
Gras.	Icaou.
Gris.	Aroucou.
Honteux.	Iniou.
Humide	Iourou.
Imbécile.	É-oun.
Laid.	Ipouiyon.
Large.	Ibérou.
Léger	Tan-i.
Maigre.	Icapon.
Malade.	Cané ouadio.
Mauvais . . . ´	Mi-yon.
Menteur.	Aridia-aridia.
Mensonge	Pan-pan-an.
Mûr.	Oupa.
Pas mûr.	Nan.
Neuf.	Pacouja.
Odorant.	I ou-ou.
Qui sent mauvais	I ni ou.
Paresseux	Padija dija.
Pesant.	Patitou.

Léger	Tan-i.
Petit	Chichi.
Peureux	Inou.
Pas peureux	Inan.
Plein	Inani oun.
Pourri	Ouamiga.
Profond	Té-hé.
Pas profond	Paté.
Rassasié	Za-i.
Ridé	Iça-iça.
Rond	Aboura.
Rôti	Tivou.
Savant	Oubaou.
Sec	Fouaca.
Arc tendu	Sanpanou.
Travailleur	Ibouï.
Vieux	Adoulio.
Vide	Téjon.
Voleur	Payaya.
Vérité	Souti.
Bouilli	Ougnon.

XX. — VERBES

Abattre	Pima.
Je veux faire une roça	Anajé pima.
Je veux faire une maison	Ou-acaï- pima.
Aboyer	Ouaoua.
Le chien aboie	Apoui ouaoua.
Accoste le canot	Aï tian ou.
Nous allons accoster	Tian ou rita.
Accroche cette jupe	Ita hé.
Accroche ce fusil	Ipaï imangouté.
Acheter	Ita natia.
Je veux acheter ton chien	Inaca apouitana anajé.
Il veut acheter un hamac	Anajé iba tapanita.
Demain j'achèterai un sabre	Coacadé mitia rita.
Veux-tu acheter mes coins ?	Anajé ané cha bé.
Aiguiser	Imi.
Aiguiser mon couteau	Couspa imi.

J'ai aiguisé ton couteau.	Imi na-é.
Je t'aime.	Dzané bé.
J'ai aimé cette femme	Payouna ambé.
Je ne l'aime plus	Naou nambé.
J'aime ce garçon.	Sénapou a an néou.
J'aime les papayes.	Y oupoin yonpoin.
Je n'aime pas le cachiri.	Avi pouiti tioun apé.
Allaiter	Inamitia.
Aller	Tia.
Je vais en bas.	Pouyaya tia.
Tu vas pêcher.	Pinandada.
Il va chasser.	Cabétia.
Les femmes vont chercher des batates	Idia anton a atia.
Je n'y vais pas	Padijou natia.
Où est-il allé?	Afou ditia?
Demain j'irai chasser	Coacadé caabétia.
Je vais me baigner.	Taïta najétia.
Nous allons dormir	Iyou zitia.
Je ne veux pas que tu t'en ailles.	Tia mangou anajè.
Pourquoi veux-tu t'en aller?	Azouï natia ajé.
Allons, partons.	Tia-sé.
Va te promener.	Tia.
Où vas-tu?	Afou dinatia.
Je vais danser.	Caria nantia.
Allume le feu.	Achi amanou.
J'allume mon cigare.	Pouitia amantiogou.
Tu allumes la bougie.	Mandéga mantiogou.
Apporte de l'eau	Oubé ya oua.
J'apporte des sabres.	Mitija dioué mandipa.
Il apporte du poisson	Pitia dou oué.
Amarre le canot	Pouza naman payou.
As-tu amarré le canot?	Payan dinajé.
Il arrache du manioc.	Yacou manioca.
Il arrive.	Machioué.
Est-il arrrivé?	Ouédé.
Il arrivera demain.	Coacadé oué.
Assieds-toi.	Abougou.
Il est assis par terre.	Pidé abogou.
Attache ton chien.	Apoui apayou.
J'attache ton hamac.	Nian apayou.
Je l'attacherai bien	Itié anapanajé.

Attends-moi	Iza doubé.
Je ne t'attends pas	Padiza anagoubé.
J'ai attendu jusqu'à midi.	Couadé chichou iza nanté.
Je t'attendrai à l'igarapé.	Nianté bouyabé iza boutétia.
J'ai des enfants.	Mambouya naou.
Tu as un chapeau.	Aniouti a pouza diou.
Il a des bananes . . . ·.	Pacou aou.
As-tu du cachiri?.	Aou tí maritia.
J'ai besoin de deux hommes	Quina naou anajé sénapou.
J'ai faim.	Bataga.
J'ai soif.	Ya aana.
Tu as peur.	Tiougoua.
Se baigner.	Taita.
L'eau est basse.	Fouacou ti ya.
La forêt est basse	Caa pouni.
Il se balance.	Youyoucou.
Balance-moi	Youyoucoudé.
Il bat sa femme.	Didéda gouté.
Battre la canne.	Inampí-i.
Se battre avec un autre	I-ouin.
Balayer	Poutiga.
Blesser un gibier.	Acajinogou.
Se blesser avec un couteau.	Aqui bri.
Je veux boire.	Ya-a.
Je bois beaucoup	Ourachou inaviti.
Bois du cachiri.	Maritia ouina.
Je ne veux pas boire	Aounanté.
Il boit.	Tiaoui.
Bois	A ouiti.
Boucaner	Ican-în-té.
Boucane ce poisson	Pitia ican-i.
Cette viande est boucanée	Ou ican-i.
L'eau bout.	I ya couracoura.
Fais bouillir de l'eau	Ya pa couracoura.
Brûler l'abatis	Coua tiogou.
Se brûler les doigts.	I-a-touchi.
Cette viande est brûlée.	Atia touchi.
Tu as brûlé ta robe.	Éou catouchi.
J'ai cassé mon sabre.	Mitijia pigou.
Il s'est cassé la jambe	Iqui a pigou.
La marmite est cassée.	Ouan-i-cara.

Casser un fil.	Idaou.
Casser un collier	Camema idaou.
Causer	Cameno.
Viens causer avec moi.	Tiassi dou cameno.
Il cause avec Bidéoua.	Bidéoua diou cameno.
Va causer avec elle	Tiadou cameno.
Chimbiaõ est causeur	Chimbiaõ in cameno.
Chante	Abouya.
Je chante	Abouya naou.
Il chante	Abouya jijé.
Je ne sais pas chanter.	Dian nou nan abouya.
Ce coq chante bien	É-a.
Je charge mon fusil.	Tionkan iouboura.
Chasser	Caabé.
Je ne chasse qu'avec des chiens.	Apoui diou na caabétia.
Mon chien chasse le pack	Apoüi oubaé éca.
Chatouiller.	Poudédégou.
Je vais me chauffer	Ouabé natia.
Je me chauffe au soleil.	Couadé jani ouabé.
Chavirer.	Pouzigou.
Chercher	Ita.
Va me chercher des melancires.	Oura chita ita.
Qu'est-ce que tu cherches?.	Ipa ita inatatia.
Je cherche mon couteau.	Couapa ita inatatia.
Entends-tu? (comprends-tu)	Oubaou.
Je n'entends pas (je ne comprends pas). .	Oubaou inajé.
Tu connais le chemin	Oubanou nabapadé.
Je ne le connais pas.	Oubaou inajé.
Coudre	Ipararacou.
Couper	Akili akili.
Coupe cet arbre	Ipa akili.
Je vais couper le tapir.	Taon akili natia.
Je vais te couper les cheveux.	Akilou tabaçan.
Va couper du bois	China picou.
Ce sabre ne coupe pas.	Mitija agnon.
Celui-ci coupe bien.	Akitija agnan.
Cours.	Tafô.
Il court bien.	Tafô outia.
Elle courut dans le bois	Ca-jé tafô.
La rivière court vite.	Moution.
Couvrir la case.	Impen.

Couvre ce coin.	Pao couté cha.
Couvre-toi	Bioucou.
Cracher.	Courintétégue.
Ne crache pas là	Courintétégoumango.
Je vais cracher là.	Courintétégoun.
Crier	Jaja.
Cette femme crie	Jaja papa.
Ils criaient tous.	Ya ya ya.
Ne criez pas	Capouta jinagou.
Cuisiner.	Carigou.
Danser	Caria.
Je danserai demain	Coacadé caria.
Il est à danser	Caria ou.
Déchirer	Iousi.
Il a déchiré sa chemise	Camisa iousi.
Tu as déchiré ton pantalon.	Chirara ia iousi.
Demande-lui.	Anté-é.
Je ne veux pas le demander	Padijou a anté.
Je vais le demander.	Tia anté.
Où demeurez-vous ?	Zacaou afoudiaou?
Où demeure-t-il?.	Afou anindia acaou?
Désamarre le canot.	Pouza inama itia.
Tu vas désamarrer mon hamac	Ougnan izafou.
Descends à la rivière	Tiaté don ari aanambé.
Descends la montagne.	Abougou-é.
Je ne veux pas descendre	Padijan anaboubou.
Je vais descendre.	Tiana boubou.
Dessiner.	Iouri.
Il me doit.	Ibouyon.
Tu me dois un canot	Afoudia-i-pouza ibouya.
Dire	An anjé.
Qu'est-ce que tu dis?	Apané?
Je ne dis rien	Téjan ou.
Tu lui diras de venir	Tcha-i-doué.
Dis la vérité.	Souc kin.
Je lui dirais	Abouya najé.
Se disputer	Diou-i-pinpan.
Je te donne des perles.	Caméma inacouabé.
Je te donnerai un sabre	Coacadé tijé couabé.
Donne-lui un hameçon.	Pinan coua.
Donne-moi ce sac.	Scha couabé.

Je ne le donne pas	Padija na couabé.
Dormir	I-i-ou.
Je dors.	Na i-i-ou.
J'ai dormi	I-i-ou-ouna.
Je dormirai	Coacadé ana i-i-ou.
Je dormais.	Nati i-i-ou.
Je m'endors	I-i-ou-aouna.
Bonne nuit.	Camandéou-é-é.
Écorcer un arbre.	Ipa iça you-ci.
J'écorce ma perche	Poudougou ya é titigo.
Écorcher une biche.	Afoua iça.
Écoute la cachocira	Ifoui ikili.
Tu écouteras.	Païn dou.
Écraser du sel	Tiangoun té.
J'écrase cette chenille.	Bagouté courouman.
S'enduire de roucou.	Caïm gou.
Enivrer le poisson.	Outa tiango.
Le poisson est enivré	Arichou.
Il s'enivre.	Arichou.
Il a enlevé cette femme	Idia dé payaya.
Il a emporté de la farine.	Assa dé payaya.
Enlève ce banc.	Poucaja itia.
Enlève ces épluchures.	Aqué iça itia.
Entends-tu le tonnerre	Idou dinajé a manéa.
J'entendis marcher	Idou dinajé oumanou.
J'entends des hoccos	Zafou tancou i-a.
Enterrer	Icatou.
Il est enterré.	Icatou inajé.
Essuyer.	Ibidégou.
Essuie-toi	Tioura tiou.
Éteins le feu.	Achi amiyou.
Il a éteint le feu	Amiyou ti achi.
Éternuer.	Achin achin.
Je fais un hamac	Ougnanja pagnan.
Je ferai une maison.	Ou aca ipé agnan.
Que fais-tu?.	Païnan carigou.
Ne fais pas cela.	Panan ini.
Je veux le faire.	Icari inajé.
Fais-moi un arc	Tioucaran cari igana.
Il fait une flèche	Oubéca coumari carigou.
Sais-tu faire la farine?.	Oubajani assa ouambé?

Les femmes font des hamacs	Idia bata bouta.
Faire du feu.	Achi amanou.
Qu'est-ce qui te fait mal.	Ioubé outé.
La tête me fait mal	Itaba ouadé.
Filer du coton	Ougnon.
Finir mon abatis	Oucoua mancéou ounatia.
J'ai fini de manger	Mancéou anatigou.
Tu finiras les bananes.	Pacou amancéou.
La chandelle est finie	Mandéga mijou.
Flécher	Api anajé.
Je vais flécher du poisson	Pitiabaga ounatia ou.
Je flèche des cuirassiers.	Ouroutia abiagou.
Je flécherai un tigre.	Apoumame abagou natia.
Ce bois flotte.	Ipa oun tata.
Se frayer un chemin.	Ouba a pina.
Frotter un pot.	Itada iboutojé.
Frotte-lui le genou	Iman-an ikété kété.
Le feu fume	Achi chi antioun tioun.
Je fume un cigare.	Poutima viana.
Il fume un cigare.	Poutima vianou.
Glisser	Pouichaga.
J'ai glissé sur la pierre	Couapa paré pouichaga.
La perche a glissé.	Poudoudouga pouichaga.
J'ai grandi.	Ourachou itia.
Grandir.	Ourachou.
Je grandirai	Ourachou nantia.
Il a grandi.	Ourachou anou.
Gratter	Ata.
Elle se gratte.	Ata anou.
Grimper.	Ipoua-i.
Guérir	Ikéanne.
Se heurter.	Idépou.
Imiter.	Ini.
Jeter	Dabougouté.
Jeter l'eau du canot.	Ya téboué.
Jouer de la flûte	Paridadan.
Laisser	Iou anaja.
J'ai laissé mon fils	Mamboua youna.
Oublier	Macaudon.
J'ai oublié de boire	Icaudon navia abé.
Je l'ai laissé à la case	Iou-aca jé ouana.

Lasser	Coupilina.
Je suis lasse.	Coupilina a eu.
Laver.	Iboutou.
Je vais laver le linge	Foucaïde yaga nantia.
Lave cette marmite.	Tintin bouto.
Se lever.	A-on.
Se lever matin	Nacajoué tada abougoune.
Lève-toi	Aon.
Manger	Tiogou.
Je mange	Tiogou nantia.
J'ai mangé.	Tiogou ouna.
Demain je mangerai.	Coacadé ana tiogou.
Mangez cela	Aquichou.
Qu'est-ce qu'il y a pour manger. . . .	Apadi tiouga ou.
As-tu mangé.	Tiogou dina.
Je veux manger	Batagoune.
Tu ne manges pas.	Tiogon ouna.
Il n'a pas mangé	Tiogon.
Mangez-vous du caïman?.	Chané yacaré bé.
Manquer un gibier	Cania tin on.
Manquer de farine	Assa tin on.
Marcher.	Ouaouanou.
Je ne peux pas marcher	Diarou ouna ouananou.
Il ne marche pas encore	Ouaouanaoune.
Il marchera bientôt	Tijé dia ouanou.
Mentir.	Aridiou.
Je ne mens pas.	Aridia ouna.
Elle ment.	Aridiou.
J'ai mis du sel	Imangou najé.
Je me mets dans le hamac	Mangou natia.
Elle mettra un jour	Méméji mangou.
Mets mon hamac ici.	Aïmbata mangou.
Monter une montagne.	Ipa ti oua.
Je remonte la rivière	Tuaya nantia.
Mordre	Atiou.
Il m'a mordu.	Atiou téa.
Ce chien mord	Aououn apoui.
Je vais te mordre.	Atiou animbé.
Moucher.	Anso.
Mouche-toi.	I-anso.
Il va mourir	I-antia.

Il ne mourra pas	I-an-on.
J'ai manqué mourir	I-an nagidé.
Il est mort.	I-an-i.
Nager.	Itiajou.
Je sais nager.	Itiajou næou.
Je nagerai	Kichou najé itia.
Se noyer.	Inamomi.
Il s'est noyé	Inamomi ké.
Il se noiera.	Inamomi a adane.
Je veux pagayer.	Tianouroucou.
Je pagaye	Ouroucou.
Il ne pagaye pas.	Padijé ouroucou.
Je pagayerai	Coacadé ouroucou.
Demain je pars.	Coacadé anantia.
Il est parti.	Tia.
Il va partir.	Tijé ditia.
Payer.	Ibouya.
T'a-t-il payé?.	Ibouya coua?
Il me payera.	Ibouya coua doubé.
Je te payerai.	Ibouya anabéjé.
Pêcher.	Pinandada.
Tu vas pêcher.	Tiéné pinandada.
Je pêcherai.	Coacadé pinandada.
Nous avons pêché.	Kichouna naou.
Perdre.	Machouana.
J'ai perdu mon tabac	Machouana pouitima nambé.
Tu perdras ton couteau	Couapa machouana.
Piler	Tchangou téé.
Je pile du café	Café tchangou na.
Je pilerai du maïs.	Macachi tchangou.
Piquer.	Idougoûté.
Les moustiques me piquent.	Koui idougoûté.
Une épine m'a piqué.	Macourou ipigouna.
Tu te piqueras	Iboudajé idougou.
Planter	Icatou.
Je plante du manioc.	Maniaca icatou.
Il a planté des patates.	Anton icatou.
Tu planteras des cajous.	Mayacayou icatou.
Pleurer	I-a.
Tu pleures.	I-a-in.
Il a pleuré.	I-a-a.

Tu pleures beaucoup.	Ouraou na i-a.
Pleuvoir.	Mana oua.
Il pleut	Manantin.
Il pleuvra	A-mana-oué.
Plumer	Péoua ouci.
Plume cet arara.	Ipéoua ouci oué.
Tu plumeras cette poule	Pédou tétia.
Il a plumé ce pigeon.	Pédou téé.
Pourrir	Namingo.
Ce poisson est pourri	Iniou.
Pousser (sortir de terre).	Ipoui atadié.
Prendre.	Andagué.
Prends ce sabre.	Mitajé tia.
Allons prendre du poisson	Kichou ditia.
Prends.	Nandagué.
Prêter.	Mijon.
Prête-moi ton couteau.	Mijon couapa.
Il m'a prêté son chapeau.	Iné pouza acoua.
Il me prêtera son canot	Ibé ipouzada.
Je te prêterai mon arc.	Itiou caa couabé.
Promener	Carapa.
Je vais me promener	Tiana carapa.
Va te promener.	Carapatia.
Promettre	Kiaou nini.
Je lui ai promis.	Ikoua inajé.
Ramasser	Itajé.
Râper du manioc	Assacoé.
Râper des castanhas.	Inassacoé.
Je suis rassasié	Izaïna.
Refuser	Aounanté.
Tu refuses de travailler?	Dijou?
Obéir	Laouriou.
Cet enfant n'obéit pas	Padijou¹ laouriou.
Je vais obéir	Laouriou tia.
Regarder.	Iza goûté.
Regardez-moi.	Izagou.
Tu regarderas dans l'eau.	Pé izou.
Remplir (le canot).	Nanéon.
Renverser (la marmite).	Idépou.
Se reposer.	Pounan.
Repose-toi, femme	Pounan idia.

Je me reposerai ce soir.	Couadé chi-i pounan.
Tu vas rester là.	Iou anajé.
Tu resteras avec lui	Ioua nimbia.
Retourner	I-ou.
Retourne chez toi.	I-ou anacabé.
Tu retourneras demain.	Coacadé dinanoué.
Je retourne.	Tiana.
Rêver.	É-i-zou.
As-tu rêvé cette nuit.	Comandé inajé e izou.
Je rêvais à toi.	Idé inajé é-izou.
Rire.	Zakaridoda.
J'ai ri.	Ambina zakariou.
Elle riait.	Zakari irou.
Tu riras.	Iou atata.
Ronfler..	Caranra.
Tu ronfles	Icaranra.
Tu as ronflé	Camandé ina caranra.
Fais rôtir ce pigeon.	Atijoutié apouca.
La viande est rôtie ?.	Atijou ané.
Rouler (une pierre)	Ouabé tigou.
Rouler (une corde).	Macoui.
Je saigne.	Ouakirioua.
Il a saigné.	Pétaouraou.
Saigner du nez.	Pétanini.
Saler	Piran-i.
Sale cette viande.	Youcoudé yacoutou.
Saigner (une personne).	Apeta nini.
Ce poisson est salé.	Oukédidiou.
Tu saleras le tapir.	Piranki kadigou.
Savoir.	Baou.
Sais-tu ?.	Ou baou ?
Je ne sais pas.	Oubaou inajé.
Je saurai.	Tiana oubaou.
Tu sauras ton chemin ?.	Oubaou iné pabé ?
Secouer un arbre	Tioudoujé.
Sécher (du linge)	Tiouratou.
Le poisson séchera	Pitia yania coudé.
Sentir.	Ianté.
Sentir bon.	Gnou oun.
Sentir mauvais	Ignan.
Je ne sens pas	Ignan nou.

Qu'est-ce qui pue?.	Apadé ipa ignan.
Serrer une corde	Idédou.
Sortir.	San.
Je sortirai	Tiana san.
Sors d'ici	Aoua tia.
Essayer	Tiana anté.
Tenir	Poudegoûté.
Je ne peux pas tenir.	Iombé inapoudéga.
Tirer de l'arc.	Itaté.
Tu tireras le canot	Itaté inaje pouza.
Tomber.	Boudétou.
Je suis tombé.	Boudétou ouna.
Tu tomberas	Boudété aï na.
Tousser	Isso-isso.
Toucher.	Dépoupou.
Travailler	Coupili.
Je travaille.	Coupili couatia.
Je ne veux pas travailler.	Padijouna.
Trembler.	Ari-ari.
Tromper.	Macayouté.
Tu te trompes.	Moco moco younambé.
Tu m'as trompé.	Macayou inambé.
Trouver	Itou najé.
Tuer	Bagaté.
J'ai tué un hocco	Tacoun anambagon.
L'a-t-il tué?	Bagouté?
Il l'a manqué.	Idépougou.
Uriner.	Caroucou.
Viens là	Oué.
Ne va pas là	Tia mangou.
Voir.	Izagoué.
As-tu vu le tigre?.	Idoué poumame ambé.
Je ne l'ai pas vu.	Izadou inajé.
Voler (dans l'air)	Aou.
Voler (voleur).	Dabougoujé.
Tu m'as volé	Idé napayéya.
Vomir.	Inana.
Vouloir	A-anajé.
Veux-tu?.	Adinajé?
Je ne veux pas	Aounajé.
Voyager.	Patenéoué.

CHANSONS JURUNAS

CHANSON DU SERPENT

Chimbi manouba, manou manou, imanou manouba. (*Ter.*)
Tourourou, tourourou, tourourou.

Le serpent est entré dans le derrière du tapir.
Le sang sort, le sang sort, le sang sort.

CHANSON DU COUACHI

Quiri, ita poussa, quiri, quiri.

Croc. je mange l'inaja, croc, croc.

(Répétez une dizaine de fois.)

CHANSON DU SINGE ROUGE (Guariba)

1er couplet

Ouan-i cata oubaba maripouquin,
Ouan-i a bagoudin,
Heû, heû, heû, heû.

Toi tu ne sais pas planter mes piments,
Ne tire pas mes piments.

(Imitation du cri du guariba.)

2e couplet

Acata itiaoua aripa aripan,
Cayou tiaoua anaripa ripa
Courou, courou, a-oueu, a-oueu.

Je bois le vin de mombin et je ne suis pas gris,
Je bois le vin du cajou et je suis gris.

(Imitation du cri du guariba.)

CHANSON DU COUATA

Nou-i-an para ari iou
Courou couranda nayan pan naza
Arari iou, arari, iou.

Je mange le fruit du coupari,
Me balançant avec mon fils sur le dos;
Le fruit est dans ma main, le fruit est dans ma main.

Dans toutes les chansons Jurunas, chaque ligne est répétée un grand nombre de fois, toujours sur le même air; et, chaque couplet se recommence de 5 à 10 fois.

Le dialecte Juruna est généralement nasal.

L' *f* ne se prononce presque pas ou plutòt on peut dire que cette lettre se prononce aspirée.

Y est la « jota » mais plus aspirée que gutturale.

Z se prononce très doux du bout de la langue.

DIALECTE ARARA

I. — ÉLÉMENTS

Ciel.	Caapo.
Nuage.	Campounga.
Brouillard.	Caria mancaupoli.
Vent.	Apteno.
Grand vent.	Apteno atari ipé.
Soleil.	Titi.
De bon matin.	Iménagli.
Midi.	Ipeneptame.
Coucher du soleil.	Icama nanglé.
La nuit	Icama nanglé.
Lune	Nouna.
Nouvelle lune.	Toumounglé.
Étoile.	Tiri.
Été.	Candipé.
Hiver.	Comipo.
Pluie	Coopo.
Éclair.	Atoumali.
Tonnerre.	Iroumoulé.
Terre.	Oro.
Sable.	Irémoglan.
Poussière	Oron.
Pierre.	Ipoui.
Montagnes (chaîne de).	Iroupouleoun.
Colline.	Irébouri.
Forêt	Ipounan.
Eau.	Parou.
Sel.	Tacouécouène.
Igarapé	Parou etame.

Rivière	Taouat.
En amont	Ioumtacti.
En aval	Ikintinan.
Saut.	Érone.
Ile.	Canto.
Feu.	Campot.

II. — HOMME, FAMILLE, VIE SOCIALE, ETC.

Homme	Oukone.
Femme.	Poumié. .
Jeune	Iratpoureupoc.
Vieux	É-in poui.
Mon époux	I-o.
Ma femme	Ipouit.
Père.	Pâpâ.
Mère	Yémé.
Fils	Imelino.
Frère	Ipina.
Sœur	Inarou.
Ami.	Ouro.
Camarade	Imanoé.
Village.	Atingo.
Chemin, sentier.	Oména.
Un blanc.	Tapétérié.
Un noir	Tikérikene.
Chef de village	Caramane pé.
Dieu.	Orangnan.
Piaye	Ocpot.
Dessin.	Caré-ouri.
Danses	Oritabangna.

III. — PARTIES DU CORPS, MALADIES, ETC.

Os	Omémouglian.
Graisse	Imenou.
Sang.	Témounglé.
Tête.	Iméoutia.
Cheveux.	Let pougnan.

Front	I-ingounan.
Tempes	Amtilac.
Sourcils	Impipouan.
Cils	I-impipouna.
Œil	Ongourouman.
Paupière	Retko.
Nez	Ongnangon.
Bouche	Poringan.
Langue	Ilou.
Salive	Iraglou.
Dents	Yé-ri.
Gencives	Yémina.
Menton	Ilé gooli.
Barbe	Pot poungue.
Cou	Tentit pouigan.
Épaules	Impé.
Aisselles	Yapetane.
Bras	Apori mrounga.
Coude	Impouan.
Poignet	Yémé coumouré.
Main	Omiet.
Doigt	Émiari.
Pouce	Émialiman.
Index	Iraptana.
Majeur	Ipakéna.
Annulaire	Iraptana.
Auriculaire	Imouara imelène.
Ongles	Yamouinan.
Sein	Manari.
Lait	Mang'ou.
Côtes	Yaout.
Cœur	Émoreptié.
Ventre	Yamimourou.
Nombril	Ipoobi.
Entrailles	Yamimouroué.
Urine	Tigou.
Verge	Impéga.
Testicules	Alinega.
Matrice	Ori.
Femme grosse	Iglampou glanga.
Accouchement	Imelène.

Dos.	Imaouane.
Hanche	Yémépara.
Fesses.	Youcati.
Excréments	Ourot ourot.
Cuisse.	Youpet.
Genou.	Érécoumri.
Jambe.	Ouptima.
Cheville.	Oumanton.
Pied.	Poucouan.
Talon.	Etpati.
Gros orteil.	Ipouévilé.
Boiteux	Atikarelé.
Écorchure.	Oléka.
Fièvre.	Tiou antac.
Ivresse.	Méniague.
Sommeil.	Ouérou.
Vomissements.	Ouin nan.
Toux	Nouloua.

IV. — ALIMENTATION, HABITATION, USTENSILES, ETC.

Chasseur.	Ipouna.
Pêcheur	Outioua.
Poisson	Tabobana.
Barrage	Tamométème.
Hameçon.	Otiabotabat.
Ligne.	Am ntep.
Grande pirogue.	Oroc.
Canot.	Moapou.
Petit canot.	Moapou mourème.
Pagaye.	Marapa.
Pilote.	Youapta.
Prouère	Mapouère alé.
Abatis.	Toucta.
Abatis abandonné.	Toucta irang otoua
Manioc.	Kérène.
Râpe à manioc	Kérié outpoc.
Farine.	Taki.
Couleuvre	Yapoména-a.
Cassave	Apat.

Chibé	Taki inglaré.
Tapioca	Igue klou.
Cachiri de tapioca	Yamïmou yémépana.
Cachiri de bananes	Anaticout pana.
Maison	Aora.
Poteaux de la case	Yé-i.
Feuilles qui recouvrent la case	Aouraou.
Banc	Mouré-i.
Souffle-feu	Tapouna.
Boucan	Otia nontème.
Marmite	Opiné.
Bouillon	Coulé linga.
Assiettes des Indiens	Bourabou linga.
Mortier	Inane.
Pilon	Agna.
Calebasse	Ou aya.
Panier	Opiné.
Coton	Crégouat.
Corde	Tapica oungué.
Nœud	Mineli mougué.
Hamac	Orouat.
Jarretière	Epti gomoué.
Bracelet	Mounou ponia.
Bâton	Yé-i mourème.
Arc	Aneptan pagoua.
Flèche	Pouirame.
Corde d'arc	Ingou et.
Flûte	Oquigan.
Tabac	Tamoui.
Cigare	Tamouïn.
Pipe	Tamouétite.

V. — MARCHANDISES EUROPÉENNES

Aiguille	Panet couri.
Bague	Ouilri.
Bouton	Ouadia.
Bracelet	Mouécoumiga.
Chapeau	Kéképa.
Ciseaux	Pékat tamangnan.

Couteau	Pouilepté.
Fusil	Too oum.
Hache.	O ouinème.
Peigne.	Yemcat.
Perles	Cououri.

VI. — QUADRUPÈDES

Mâle.	Oukone.
Femelle	Poumié.
Queue.	Aouama.
Agouti.	Iacouri.
Pack.	Téméoré.
Biche	Cariamoué.
Porc.	Apiana.
Taïtétou.	Poon.
Chien.	Ocori.
Couata.	Ouangueome.
Guariba.	Aaroun.
Tapir	Otoman.
Tigre	Ocori.
Tatou	Atpira.

VII. — OISEAUX

Oiseau.	Aptemno.
Plumes	Panacoua.
Œuf.	I-mou.
La poule a pondu.	Maouré.
Agami.	Ouarakina.
Ara.	Caara.
Canard.	Paroucoupi.
Charpentier.	Tiguelolo.
Chauve-souris.	Ouct cane.
Coq.	I-oa.
Poule	I-oa.
Hocco.	Paoui.
Hocco moucheté	Acarat.
Hocco femelle.	Olipi.

Pagani. . . . . Coutcououi.
Perdrix . . . . Potga imo.
Perroquet . . . . Koui.
Ramier . . . . Touctouc.
Urubu. . . . . Ouambit.

VIII. — POISSONS, MOLLUSQUES

Poisson . . . . Tabobana.
Arête . . . . Cououpi.
Petits poissons . . . . Oun morangoua.
Aymara . . . . Méra iman.
Pacouassou. . . . . Cabobana.
Courimata . . . . Pouimka.
Cuirassier . . . . Pourlat.
Pacou. . . . . Capou pouana.
Piragne . . . . Poné.
Raie. . . . . Oupa ampa.
Souroubi. . . . . Orémi.
Pirarare. . . . . Araouma.

IX. — REPTILES, BATRACIENS

Serpent . . . . Ocol.
Boa. . . . . Moutou.
Caïman. . . . . Ouacat.
Crapaud . . . . Colomcolome.
Iguane. . . . . Ticonétioume.
Jabouti . . . . Yarou.
Tracoja . . . . Pé.
Tartarouga. . . . . Péoume.
Ver. . . . . Imime.

X. — INSECTES

Araignée. . . . . Taranpali birem.
Chique. . . . . Tikeu.
Fourmi . . . . Mikée.

Pião. . . . . Amoui.

Papillon . . . . Ouarami.

Pou. . . . . Tamoukème.

XI. — ARBRES

Arbre. . . . . Itkamorème.

Racines . . . . Aoumté.

Écorce. . . . . Yéé-ipitpoun.

Feuilles . . . . Kinap.

Fleur . . . . Itoua.

Fruit . . . . Yéyébilo.

Acajou. . . . . Orot.

Cacaotier. . . . . Oningone.

Copahu . . . . Orobénépiné.

Fromager . . . . Kéréra-i.

Genipa. . . . . Couroumbé.

Pinot . . . . Ampièpe.

Touca. . . . . Touroman.

XII. — ARBUSTES, PLANTES

Arouman. . . . . Maname.

Canne à sucre. . . . . Cana.

Cotonnier . . . . Carigouat.

Giraumon . . . . Ourouat-ti.

Timbô. . . . . Moué.

Igname. . . . . Makouit.

Maïs. . . . . Conat.

Patate. . . . . Napiat.

Cara. . . . . Ipoui.

Roucouyer. . . . . Onone.

XIII. — FRUITS

Ananas. . . . . Ouarik.

Banane. . . . . Omiouma.

Haricot grand . . . . Coumata.

Haricot	Ouatiama.
Papaye	Acayamon.
Piment	Gorémé.
Pomme cajou	Orot.

XIV. — NUMÉRATION

Un	Inguélé po.
Deux	Inguélé po.
Trois	Inguélé po.
Beaucoup	Inguérepta.

XV. — PRONOMS

Je, me, moi	Oura.
Tu, te, toi	Amora.
Il, le, lui	Irolé hé.

XVI. — ADVERBES

Oui	Intoara.
Non	Ipora.
Aujourd'hui	Morocogloné.
Demain	Cocoloné.
Hier	Cocoémé.
Beaucoup	Tolric.
Un peu	Imélimbé.

XVII. — ADJECTIFS ET PARTICIPES

Maladroit	Ouapoura.
Adroit	Iconépé.
Aigre	Abourou.
Joli	Tibigran.
Blanc	Tapétérié.
Bleu	Courion.
Rouge	Pitimilé.
Noir	Tigueléguelé.
Jaune	Tiqui ouré.

Bon.	Éouré pôura.
Merci.	Oucabout kéké.
Boucané.	Capoutgan.
Bien.	Coureplé.
Laid.	Ourilpé.
Paresseux.	Iniglanglan poura.
Malade.	Apourou.
Menteur.	Inké.
Petit.	Imelénépé.
Voleur.	Kintina.

XVIII. — VERBES

Abattre	Yéyé aguepto.
Accoste le canot.	Apouli.
Acheter	Ouraraga.
Aiguiser.	Poulepté ikiké.
Je t'aime.	Couélépe.
Allaiter	Mangou kourou.
Aller	Iraliman kté.
Où vas-tu	Tiamourangue.
Je vais danser	Carita najia.
Allume le feu.	Campot diretka.
Assieds-toi.	Igonamoucou.
Attends-moi	Iguéné.
J'ai faim.	Tomingué.
J'ai soif.	Paroulou doura.
Se baigner.	Ipcatina.
Je veux boire.	Parouri doura.
Je bois beaucoup	Parou ingléké.
Je bois le cachiri	Pik ou ingléké.
Boucane ce poisson.	Tanampté toubé.
Causer.	Ouroutouga.
Chante.	Orème.
Chavirer.	Arapamé kélé.
Chercher.	Outaatipa.
Coudre.	Atpoc.
Couper.	Okotkot.
Couper le caoutchouc	Aétou ouaqua.
Cracher	Orat.

Crier	Iramp kaletka.
Dormir	Aounéké.
S'enivrer.	Pitou amit.
Enterrer.	Eptongo.
Éternuer.	Aouan tik.
Je veux faire une maison.	Aora mouca.
Je fais un canot.	Magoua abique.
Flécher	Téouoc.
Fumer une pipe.	Pitit amamepit.
Gratter	Iraloup.
Jeter	Amenek.
Oublier..	Carégouat.
Laver.	Igloukéka.
Manger	Timetagoulinglé.
Mentir.	Képé kauloura.
Mordre.	Togon.
Nager.	Arika.
Se noyer.	Iguelilé.
Pêcher.	Yapoutko.
Perdre.	Ramenapouli.
Piler.	Apouc.
Planter du manioc.	Kiréneptan.
Pleurer	Pogode.
Pleuvoir.	Coopouré nanglé.
Prêter.	Yépeuque.
Se promener.	Carouet.
Râper le manioc.	Takiaoune.
Rire.	Tiépourou.
Sentir bon.	Tiptanké.
Sentir mauvais	Poumet kète.
Tenir	Apoutkora.
Tirer de l'arc.	Ité itco.
Tomber.	Poromoroupté.
Toucher.	Ipapameneké.
Travailler	Impourelé.
Trembler.	Témogoté.
Trouver	Iniréglé.
Tuer.	Téouoc.
Uriner.	Tikté.
Vouloir	Idédoura.
Voyager.	Aroupalepka.

Ces 372 mots d'Arara ne sont donnés qu'à titre de document.

Je ne suis pas sûre que Macabayó parle très bien sa langue. De plus, Macabayó ne comprenant pas le Portugais, je me suis vue forcée de parler juruna avec elle, et, je n'ai pas la prétention de parler un excellent juruna — prétention que la femme Arara n'avait d'ailleurs pas plus que moi. — Toutefois, en raison des soins que j'ai mis à ce travail, j'ai lieu de supposer que, tel qu'il est, mon dialecte Arara serre d'assez près la vérité.

O. C.

STATISTIQUE

DE LA

POPULATION DE LA PEDRA SECCA

AU CONFLUENT DU TUCURUHY

DÉSIGNATION	CIVILISÉS	INDIENS (Jurunas pour la plupart)
Joaquim Maciel Bibio.	3	»
Joaquim Lobo.	2	1
Marcellino.	3	»
Manoel Caetano	2	»
Barros.	2	2
Joaquim Marques de Oliveira.	5	»
João Francisco de Miranda.	2	»
Chico Calado.	2	»
Jacintho Pereira.	1	1
Tristão de Miranda.	4	1
José Pereira Diniz.	8	»
Pinheiro.	14	»
Pedro et João Gomes.	24	30
João Baptista da Costa.	14	7
Manoel Joaquim.	6	2
Laurindo.	2	2
Balbino.	6	5
Vieira	4	»
João Arara da Silva.	4	1
Francisco Faria de Lima.	2	»
Gildo Paes Barriga.	4	»
À REPORTER.	114	52

DÉSIGNATION	CIVILISÉS		INDIENS (Jurunas pour la plupart)
REPORT.	114	REPORT.	52
Bellarmino.	3	. . . .	»
João Pacatuba.	2	. . . .	»
Lucio José de Oliveira.	3	. . . .	3
Manoel Dantas Ribeiro	4	. . . .	»
Pedro Joaquim.	2	. . . .	»
Mathias.	7	. . . .	»
Joaquim Texeira.	2	. . . .	»
Affonso.	1	. . . .	»
Antonio Marques.	2	. . . .	»
Manoel Joaquim da Costa.	5	. . . .	15
Raymundo de Paula Marques.	19	. . . .	»
Chico Calha N'agua.	1	. . . .	»
João Raymundo.	1	. . . .	»
Manoel Gildo.	1	. . . .	»
Sabino.	2	. . . .	»
Vicente Puga.	3	. . . .	»
Manoel.	1	. . . .	»
Santiago	2	. . . .	»
Martins.	1	. . . .	»
Seringueiro.	1	. . . .	»
Jardilino	3	. . . .	»
Manoel.	2	. . . .	»
Pedro Alagoas.	6	. . . .	»
Frederico dos Santos Pires.	3	. . . .	»
Manoel Saboia.	5	. . . .	»
Manoel Professor	2	. . . .	»
José Doido	2	. . . .	»
Chico (seringueiro).	1	. . . .	»
Pastrazana	3	. . . .	7
Dorotheu.	5	. . . .	»
Manoel Preto.	4	. . . .	»
José Alves.	6	. . . .	6
Manoel Henrique.	4	. . . .	»
João de Souza Bella.	4	. . . .	»
Seringueiro.	1	. . . .	»
Dantas	6	. . . .	»
A REPORTER.	234	A REPORTER.	77

DÉSIGNATION	CIVILISÉS		INDIENS (Jurunas pour la plupart)
REPORT.	234	REPORT.	77
João da Cruz.	2	. . . .	»
João Garantido.	4	. . . .	»
Chico Alves.	4	. . . .	»
4 Seringueiros.	4	. . . .	»
Manoel Souza.	5	. . . .	»
Manoel Felicio Filho.	10	. . . .	4
Nicolau.	4	. . . .	»
Domingo Palmella	4	. . . .	»
Luiz de Souza Bella.	7	. . . .	»
Manoel Braga	4	. . . .	»
Antonio de Hollanda.	8	. . . .	»
Patricio.	4	. . . .	··
Antonio.	3	. . . .	»
João Henrique de Lemos.	3	. . . .	»
Antonio Vicente.	3	. . . .	»
Alexandre Lucas.	6	. . . .	»
Honorio.	1	. . . .	»
Eleutherio.	5	. . . .	»
Joaquim José de Azevedo.	2	. . . .	»
Miguel Anastacio.	3	. . . .	»
Sebastião Mulato.	2	. . . .	»
Manoel Pastrazana.	3	. . . .	»
Olympio Pastrazana.	2	. . . .	»
João Evanglista.	3	. . . .	»
Facundo Ferreira de Araujo.	7	. . . .	»
João Gonçalves da Silva.	2	. . . .	»
Velha Joaquina.	3	. . . .	»
Balbino.	3	. . . .	»
Caixio	3	. . . .	»
Guabiraba.	4	. . . .	»
Velha Dominga.	5	. . . .	»
Manoel Gato.	3	. . . .	»
Fortunato.	4	. . . .	»
Francisco.	3	. . . .	»
Pedro Lemos.	7	. . . .	»
Raymundo de Paula Marques.	3	. . . .	»
A REPORTER. . . .	377	A REPORTER. . . .	81

DÉSIGNATION	CIVILISÉS	INDIENS (Jurunas pour la plupart)
REPORT.	377	REPORT. 81
Forte Ambé.	3	»
Dorotheu Marques dos Reis (Paraty). .	11	4
João Bentes de França.	2	»
Innocencio.	2	»
Ilha de Itaboca.	4	»
Francisco de Assis Balão.	8	»
Santiago	1	»
Crispim.	2	»
Maximo.	5	»
Ilha do Pimental.	1	»
Porphirio Ribeiro da Cunha.	3	»
Maloca da Praia grande.	»	11
Delphino et Itú	5	2
Joaquim Magalhães.	5	»
Manuel Ferreiro.	2	»
Pedro Rodrigues Bonito.	3	»
Raymundo Maia.	2	»
Antonio de Carvalho.	3	»
Antonio Martins.	5	»
Leandro Pereira Bernardo.	5	»
Ilha de Bacabal.	1	»
Francisco Falcão.	3	»
Ignacio.	6	»
Raymundo.	4	»
Pedro Francisco.	8	»
Julião.	3	»
João Barros.	7	»
Manuel Ferro.	6	»
Leopoldino	2	»
Manuel Chico.	2	»
Joaquim de Umarizal.	1	»
Joaquim da Rocha.	3	»
Antonio Rodrigues.	4	»
Candido.	2	»
Mathias.	2	»
Nazareth	2	»
A REPORTER.	505	A REPORTER. 98

DÉSIGNATION	CIVILISÉS		INDIENS (Jurunas pour la plupart)
REPORT	5o5	REPORT	98
Miguel	4	. . . .	»
Seringueiro	2	. . . .	»
Antonio Luiz de Mello	3	. . . .	»
Maloca de Muratu	»	. . . .	12
Francisco José de Souza Pereira (Chico			
Portuguez)	4	. . . .	2
3 Seringueiros	3	. . . .	»
Elias de Mello	5	. . . .	»
Furo do Paranápucú	3o	. . . .	»
2 Seringueiros	2	. . . .	»
Bernardino	3	. . . .	»
6 Seringueiros	12	. . . .	»
Igarapé do Limão	8	. . . .	»
João da Silva Cravo	4	. . . .	»
Antonio Ceará	2	. . . .	»
Alexandre	4	. . . .	»
Dona Ursina Galvão	6	. . . .	»
Lizardo	5	. . . .	»
Coronel Antonio Galvão	10	. . . .	»
Seringueiro (3 cases)	13	. . . .	»
Josino	4	. . . .	»
Crescencio	6	. . . .	»
Francisco Pugo (Furo do Juraná)	5	. . . .	»
Ignacio (id.)	5	. . . .	»
Manoel Germano (id.)	2	. . . .	»
Amandio (id.)	13	. . . .	»
José Vieira (id.)	4	. . . .	»
Fernando (id.)	5	. . . .	»
Vicente Pavio (id.)	5	. . . .	»
Virgilio (id.)	4	. . . .	»
Benedicto (id.)	8	. . . .	»
Dona Francisca Galvão	19	. . . .	»
Júa	20	. . . .	»
Ambé-Villa	27	. . . .	»
Villagem da Cachoeira (et les 2 « barra-			
cas » voisines)	10	. . . .	»
A REPORTER	762	A REPORTER	112

DÉSIGNATION	CIVILISÉS		INDIENS (Jurunas pour la plupart)
REPORT.	762	REPORT.	112
Ponte Nova (et personnel sur l'Estrada).	7	. . . .	»
Victoria.	8	. . . .	»
Pequeá.	3	. . . .	»
José Candido Saraïva de Carvalho . . .	8	. . . .	»
Floriano Ayres da Silva.	3	. . . .	»
Coelho	3	. . . .	»
Josésinho	10	. . . .	»
TOTAL.	804	TOTAL.	112

Penas.	40
Araras.	»
Assurinis	»
Yuranas fugitifs (Alto Xingú).	25

TOTAL (Indiens). 177
TOTAL (civilisés). 804

TOTAL GÉNÉRAL du Xingú (Pedra Secca au Tucuruhy). 981

IRIRI (approximativement).

Civilisés et Indiens domestiques.

Ernesto et son personnel (hommes, femmes et enfants). 70
Les autres civilisés et leur personnel (hommes, femmes et enfants). 150

TOTAL. . . 220

2° *Indiens de Molocas.*

Jusques et y compris le Curuá d'Iriri (*Penas, Jurunas, Achipayes, Araras,* tous Mansos), environ. 150

TOTAL. . . 370

TOTAL GÉNÉRAL de l'Iriri. . . . 370

TOTAL GÉNÉRAL, Xingú et Iriri (Tucuruhy-Pedra Secca). 1351

N. B. — Il y a dix ans les civilisés n'allaient pas, dans le Xingú, au-dessus de Piranhacuara et il n'y en avait aucun dans l'Iriri. Ils étaient à la Praia Grande (2 sitios), chez Gayozo, à l'I. Barriguda, à Itapuama, à Ararunacuara et atteignaient à peine Piranhacuara. Dans le Tucuruhy il n'existait que le sitio de Tucuruhy Velho. A cette époque, la population des civilisés et des Indiens domestiques n'atteignait pas le chiffre de 200 personnes.

TABLEAU MÉTÉOROLOGIQUE

LIEU	DATE	HEURES
Ponte Nova	12 juin	7 h. 45 à 7 h. 50 du matin, petite pluie
Ponte Nova	14 —	4 h. 30 à 6 h. du matin, orage et pluie ; 7 h. à 7 h. 13 du matin. pluie.
Ponte Nova	19 —	6 h. du matin, 21°; 7 h., 22°.
Ponte Nova	22 —	6 h. du matin, 22°; brouillard.
Ponte Nova	23 —	4 h. du matin, pluie ; 6 h. du matin, 22°.
Entre Ponte Nova et Sitio do Meio.	23 —	1 h. 10 à 1 h. 20 du soir, forte pluie ; 1 h. 45 à 1 h. 55 et 4 h. 45 à 5 h., forte pluie.
Entre Sitio do Meio et Forte Ambé	24 —	1 h. à 1 h. 10 du soir, pluie ; 3 h. 30 à 3 h. 40, averse.
Forte Ambé	29 —	3 h. du soir, forte averse ; 4 h. 20 du soir, pluie.
Forte Ambé	30 —	4 h. du matin. pluie ; 6 h. du matin, brouillard compact.
Forte Ambé	3 juillet	1 h. 30 du soir, pluie.
Forte Ambé	4 —	5 h. 30 du matin, temps clair ; 6 h. du matin, fort brouillard ; de 7 h. à 7 h. 15, brouillard complètement dissipé.
Ilha da Barriguda	8 —	11 h. du matin, pluie au N.; 1 h. 30 à 2 h. du soir, averse au N.
Pannahy	13 —	8 h. du soir, averse.
Cachoeira do Cuatacuara . . .	15 —	7 h. du matin. pluie ; 11 h. 30 du matin, pluie.
Cachoeira do Cameleão . . .	16 —	6 h. du matin, fort brouillard ; 7 h. du matin, pluie ; 11 h. 30 à minuit, pluie.

LIEU	DATE	HEURES
Pirararacuara	18 juillet	5 h. 30 du matin, orage et pluie ; 7 h. 15 du matin, forte pluie ; 5 h. à 5 h. 30 du soir, orage et pluie.
Cachoeira do Curuá	20 —	2 h. 30 du soir, pluie.
Ilha do Jardilino	21 —	4 h. du matin, pluie.
Ilha da Samahuma	21 —	Midi, orage.
Ilha da Balisa	21 —	2 h. 30 à 3 h. du soir, orage.
Ilha da Balisa	22 —	3 h. du soir, orage.
Curupaity	24 —	1 h. 40 à 1 h. 50, pluie d'averse à l'E. ; de 5 h. à 6 h., orage à l'E.
Curupaity	25 —	2 h. 15 du soir, petite pluie.
Curupaity	27 —	3 h. du soir, petite pluie ; 11 h. du soir, pluie.
Morro Grande	30 —	4 h. à 4 h. 15 du soir, pluie.
Ilha Cachinguba	5 août	11 h. du soir, averse.
Travessões do Macayori . . .	6 —	4 h. 15, pluie.
Cachoeira do Ignacio	8 —	2 h. 30 du soir, orage au N.
Ilha Grande do Tuayá	9 —	6 h. du soir, orage à l'E. ; 8 h. du soir, orage à l'O.
Frechal	10 —	2 h. du soir, orage à l'E. ; 2 h. 35 à 2 h. 45 du soir, trovoada en rivière.
Cachoeira das Piranhas	11 —	1 h. 20 à 1 h. 30, pluie.
Travessão do Dady	11 —	4 h. à 5 h., orage de l'E. au S.
Morro da Fortaleza	11 —	11 h. 30 du soir à minuit, pluie.
Ilha da Ubá Carajá	12 —	6 h. 30 à 6 h. 40 du soir, pluie ; 7 h. 15 à 7 h. 20 du soir, pluie.
Cachoeira do Nascente	13 —	6 h. à 9 h. du matin, brouillard froid.
Rio Fresco	15 —	6 h. du matin, 19°, sans brouillard.
Carimantiá	16 —	6 h. du soir, orage à l'E.
Carimantiá	17 —	7 h. du matin, 18°.
Cachoeira das Antas	17 —	5 h. 15 à 5 h. 30 du soir, orage et pluie.
Estirão da Pedra Secca	2 septembre	2 h. 30 à 5 h. du soir, fort orage à l'E. ; 6 h. du soir, forte pluie.
Estirão da Pedra Secca	3 —	3 h. 15 du soir, orage et pluie.
Cachoeira do Chibião	5 —	11 h. à 12 h. matin, orage, tonnerre, grand vent et pluie à l'E.
Rio Fresco	6 —	3 h. 30 du soir, orage au N.-E.
Rio Fresco	7 —	6 h. à 10 h. du soir, pluie.
Cachoeira Comprida	9 —	Midi, orage à l'E. ; 1 h. du soir, orage à l'O. ; 2 h. à 5 h. soir, pluie.

LIEU	DATE	HEURES
Rio Fresco	10 septembre	4 h. du soir, orage au N.; 7 h. du soir, orage à l'E.
Rio Fresco	11 —	6 h. à 8 h. du matin, brouillard et pluie; 7 h. du soir, orage.
Cachoeira das Antas	13 —	7 h. du soir, orage à l'E.; 7 h. 30 du soir, grand vent d'E.: 8 k. du soir, pluie.
Cachoeira do Nascente	15 —	6 h. du soir, orage à l'E.: 7 h. 30 du soir, trovoada au S.
Cachoeira das Piranhas. . . .	16 —	3 h. à 3 h. 30 du soir, pluie à l'E.
Archipel des Miranda.	20 —	3 h. 45 du soir, pluie; 4 h. 30, orage au N. et pluie; 5 h. 30 à 6 h. du soir, averse.
Ilha da Caxinguba	21 —	3 h. à 6 h. du matin, orage et pluie; 7 h. à 11 h. du matin orage et pluie.
Ilha da Caxinguba	22 —	10 h. 20 du matin, pluie; 12 h. du matin à 1 h. du soir, orage, averse au N.; 3 h. 30 à 5 h. du soir, orage et pluie au Morro Grande.
Pedra Preta.	23 —	4 h. à 5 h. du soir, vent violent, averse, trovoada.
Ilha Murucituba	29 —	11 h. à 12 h. du soir, pluie.
Forte Ambé.	20 —	4 h. 30 à 5 h. du soir, averse; 10 h. du soir, orage à l'E.
Forte Ambé.	6 octobre	7 h. 30 à 7 h. 45 du soir, pluie.
Cachoeira Taïtucá	9 —	11 h. 15 à 11 h. 30 du soir, pluie.
Cachoeira Taïtucá	10 —	2 h. 30 à 2 h. 45 du matin, pluie.
Paquissambe	12 —	3 h. à 6 h. du matin, pluie.
Cachoeira de Paquissambe. . .	13 —	3 h. à 6 h. 30 du matin; 6 h. 45 à 7 h. 15 du matin; 8 h. 20 à 8 h. 40 du matin, pluie.
Cachoeira Ticaruca.	13 —	5 h. 30 du soir, orage.
Travessão do Aú.	14 —	3 h. à 6 h. du matin, orage et pluie; 7 h. 45 du matin, petite pluie.
Cachoeira de Tubarão.	14 —	1 h. 40 à 1 h. 50 du soir, pluie.
Cachoeira Ararunacuara. . . .	14 —	3 h. 15 à 3 h. 20; 4 h. 20 à 4 h. 30; 5 h. à 5 h. 15 du soir, pluie.
Cachoeira do Canal Grande . .	15 —	3 h. du matin, pluie; 7 h. du matin, orage à l'E.
Dona Francisca	16 —	3 h. à 6 h. du soir, orage et pluie.
Dona Francisca	18 —	3 h. du soir, orage à l'O.
Confluent du Júa	20 —	3 h. 30 du soir, orage sur le Júa.

DÉTERMINATIONS

BAROMÉTRIQUES ALTIMÉTRIQUES

Ponte Nova. . . . . 26 mètres.

Forte Ambé . . . . 82 —

Confluent du Rio Fresco. . . . . 202 —

Cachoeira da Pedra Secca . . . . 240 —

TABLE DES GRAVURES[1]

1. 68 photographies de Mme O. Coudreau.

TABLE DES MATIÈRES

CHAPITRE IV

CHAPITRE V

CHAPITRE VI

CHAPITRE X

CHAPITRE XI

CHAPITRE XII

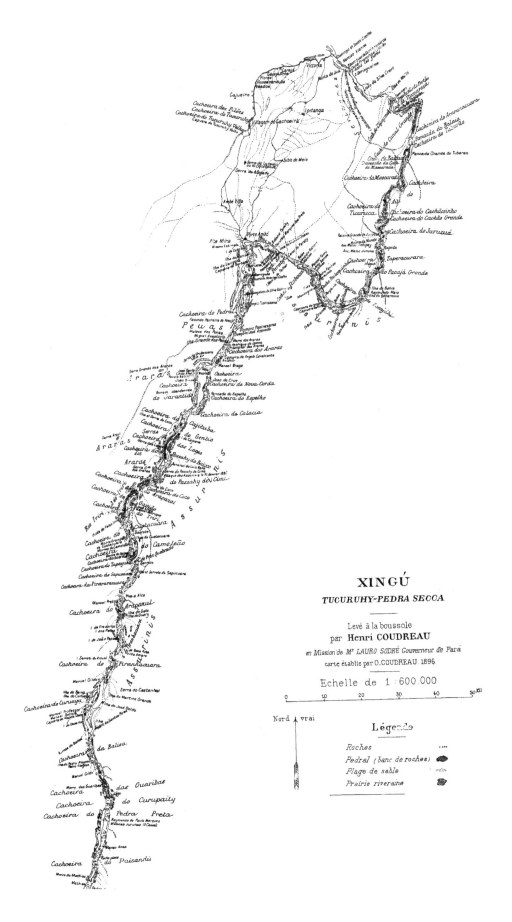

XINGÚ
TUCURUHY~PEDRA SECCA

Levé à la boussole
par **Henri COUDREAU**

en Mission de Mr LAURO SODRÉ Gouverneur de Pará

carte établie par O. COUDREAU 1896

Echelle de 1 : 600.000

| 0 | 10 | 20 | 30 | 40 | 50 Kil |

Nord ▲ vrai

Légende

Roches	....
Pedral (banc de roches)	⬤
Plage de sable	
Prairie riveraine	

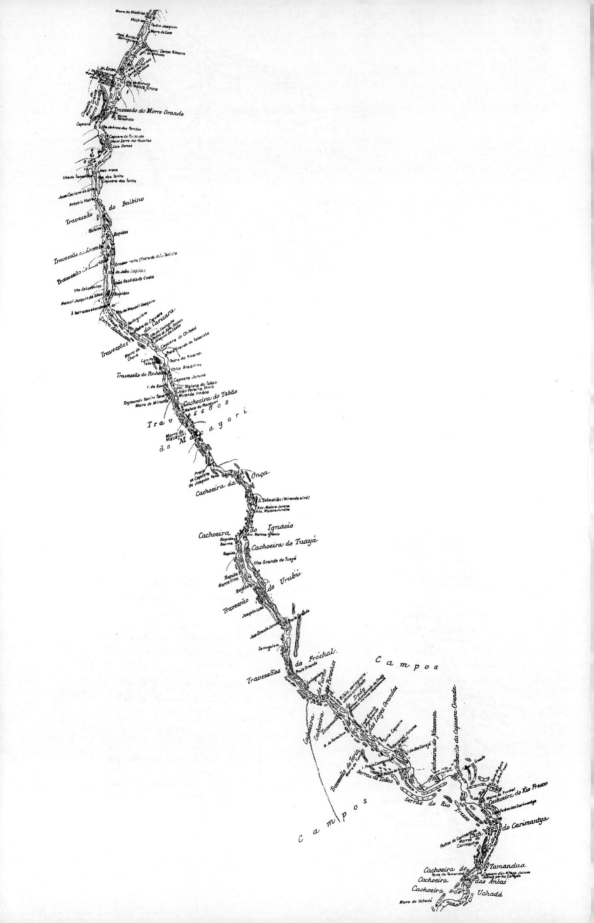

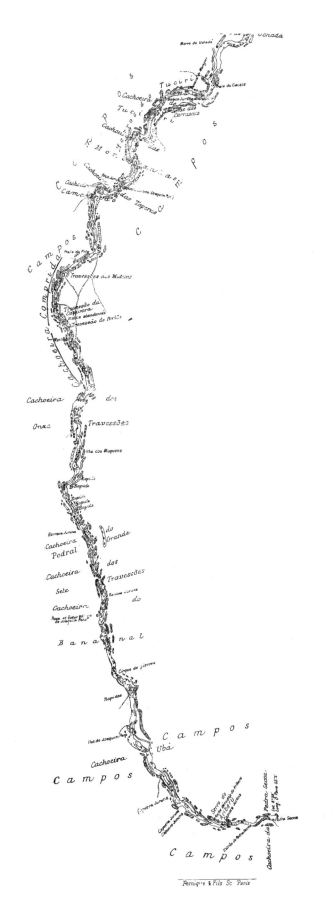

Morro do Uchada

Uchada

Poste do Cacete

Tucuri

O Cachoeira

Tucuri

de

Serra das
Carrascas

Cachoeiras

M o n t a n h a s

R

O Cachoeira

Rosa Jurura

C Cachoeira

Jurura (Joaquim Rut)

C Camaonera das Tapares

C

Praia do Frito

C a m p o s

Travessões aus Mutuns

Travessão da
Capivara
Maloca abandonnée

Travessão do Porto

Cachoeira Comprida

Maniba

Cachoeira das

Onze Travessões

Ilha dos Muquens

Rapido

Rapido

Rapido

Rapido
Rapido

Barroca Jurura

do Grande

Cachoeira

Pedral

dos

Cachoeira Travessões

Sete Banana Jurura

Cachoeira do

Roça et Sitio M.ca
de Joaquim Pena

B a n a n a l

Coque de pierres

Rapides

Ilot de Joaquim Pena

C a m p o s

Ubá

Cachoeira

C a m p o s

Serra do

Puraquê

Cacete do Ration

Capivara Jurura

Capivara Jurura

Cacete do Ration

Pedra Secca

Cachoeira das Pedra Secca

lat. 4°3' sud
Long. 8°Paris 55°5'

C a m p o s

Fernique & Fils Sc. Paris

For EU product safety concerns, contact us at Calle de José Abascal, 56–1°, 28003 Madrid, Spain or eugpsr@cambridge.org.

www.ingramcontent.com/pod-product-compliance
Ingram Content Group UK Ltd.
Pitfield, Milton Keynes, MK11 3LW, UK
UKHW030901150625
459647UK00021B/2697